找回
美好生活

时间力

[日] 知琳◎著

陶芸

王晓婷◎译

天津出版传媒集团

天津人民出版社

图书在版编目（CIP）数据

时间力 /（日）知琳著；陶芸，王晓婷译 . -- 天津：
天津人民出版社 , 2019.6
　ISBN 978-7-201-14830-4

　Ⅰ . ①时… Ⅱ . ①知… ②陶… ③王… Ⅲ . ①时间 –
管理 – 通俗读物 Ⅳ . ① C935-49

中国版本图书馆 CIP 数据核字 (2019) 第 116215 号
中国版权保护中心图书合同登记号 02-2019-152

时间力
SHI JIAN LI

出　　版	天津人民出版社
出 版 人	刘　庆
地　　址	天津市和平区西康路35号康岳大厦
邮政编码	300051
邮购电话	（022）23332469
网　　址	http://www.tjrmcbs.com
电子信箱	tjrmcbs@126.com
责任编辑	玮丽斯
制版印刷	天津联城印刷有限公司
经　　销	新华书店
开　　本	787毫米×1092毫米　1/32
印　　张	8
字　　数	138千字
版次印次	2019年6月第1版　2019年6月第1次印刷
定　　价	49.90 元

管理好时间，
就是管理好你的人生

编者声明

为保留日文原版图书作者写作风格，本书涉及的一些国外网站、品牌、短语等沿用日文原书做法使用英文。当同一单词或短语首次出现时，在其后标注了其中文解释。为避免重复，且使图书排版简洁、美观，后续重复出现的单词或短语后不再标注。

对于一些在日常生活中应用广泛、为大众所熟知的英文单词，不加注释也不影响读者对图书的理解，也未标注中文解释。

前　言

　　《时间力》——谨以此书献给那些每天因工作、家务、育儿等事务忙得焦头烂额的诸位。

　　因为刚刚入职，因为进入了梦寐以求的公司，因为是好不容易才获得的机会，因为被身边的人看好，因为现在正是该努力工作的时候，因为不能半途而废，也为了自己的家人，而且别人比你更努力……

　　很多人会因各种各样的原因，以"逃脱不了""自己应该努力克服"的姿态，不得不接受繁忙的生活和工作。但是，真的一定要这样工作吗？逃离繁忙生活的方式，难道真的不存在于世界的任何地方吗？

　　我不太能接受很多人这种理所当然地接受现状，而后又后悔的情形；更不能接受有些人甚至不惜牺牲自己的身心健康，却还要拼命工作。

2016 年日本厚生劳动省初次制定了《预防过劳死等对策白皮书》（以下简称为《白皮书》）。把握并考虑对策是一件好事，但现在的问题已经非常严峻，到了亟待解决的地步。

根据《白皮书》的描述，每年以解脱于繁忙工作为理由而自杀的人有 2000 例以上。因工作压力的心理负担造成精神障碍的，仅申请工人灾害补偿保险的就多达 1500 例，是 15 年前的 7 倍之多。当然，没能申请保险，但因工作原因而饱受病痛折磨的人数肯定比上述数据要多得多。

最近，日本政府也出台了《工作方法改革》等办法，用来应对长时间工作的状态，但是仅凭"缩短工作时间吧""好，那就这么做"这些简单言辞，并不能真正解决问题。

我在出版的第一本书《慢慢思考》里，没有持过高的目标，仅提出了可能存在不需要太过拼命的生活方式。在 2013 年出版的《考虑未来的工作方式》里，我也提出了这样一个问题：在当今这个工作时间不断延长，退休年龄不断推迟的时代，大家真的想在未来几十年里，还一直保持现在的这种工作状态吗？

　　这本书，我想从了解繁忙工作的本质入手，探讨如何从繁忙工作中解脱出来的技巧。围绕"为了今后能在社会上生存下去，为了享受人生，我们每个人应该掌握的最基本的能力是什么"这个主题。

　　本书不是英语或财务这类专业知识性较强的书籍，也不是资格证书或设计程序这些所谓的"技能"书籍。我在该系列中一再强调的是，如何认清社会的前进方向，如何掌握从繁乱的生活和工作中夺回自己时间的一些方法，使自己的人生更精彩，能享受原生态的生活。

　　本书从两个不同的视点探讨这个问题：一个是如何从繁忙的生活中逃离，另一个是当今社会急速前进、变化的本质是什么。

　　从这两个视点看问题，就会得出共通的"答案"。具体详情可以翻看本书正文，首先请看一下在引言中出场的四个不同人物的人生。

　　第一个是就职于自己梦寐以求的公司，且干劲十足的正树；

第二个是兼顾工作和带娃，奋斗不止的惠子；第三个是经历了雷曼冲击、黑企业，受尽了无固定工作磨难的阳子；第四个是虽然创业成功，却为接下来的人生而烦恼的勇二。

这四个人的故事，可以反映出现代日本社会中所发生的巨大变化。那么我们应该怎样理解这个社会，需要掌握的技能又是什么呢？

作为作者，我衷心希望这本书能够帮助各位读者，从自己手中夺回哪怕是一点点的时间，尽可能地去做自己想做的事情，尽情享受"自己的人生"。

目 录

引言 | 你到底在忙什么

1 | 为什么要学会掌控时间

2 | 当有正确目标时，
你的努力才会发光发亮

3 | 如何更加"聪明"
而不是更加"努力"地工作

4 | 时间很贵，
谁都不应浪费

5 | 真正优秀的人
都是能掌控自己时间的人

8 | 掌控时间的人，才配拥有好的生活

终章 | 做想做的事，
过想要的生活

引 言

你到底在忙什么

加班多到极限的管理职位——正树

正树今年 33 岁。今年年初，他比同期进入公司的同事先行一步晋升到了小组的管理层。

他的晋升比一般人所需的时间要短。正树从事的是广告策划的工作，主要是针对客户的需求设计出能促进商品销售的广告策划。只要接到订单，从设定主题到选择媒体等一系列细致的活动准备，都需要正树全盘统筹、安排。正树之所以能晋升得那么快，与客户的鼎力支持是分不开的。当初他刚进入公司时，在工作上不得要领，也得不到客户的支持，因而业绩平平。但是，最近几年，客户对他的评价一下子提高了很多，这也极大地增强了他的自信心。公司内部对正树的晋升格外关注，在面向应届毕业生的招聘网站上，将正树作为正面宣传的形象，并写道："只要拥有足够的实力，哪怕是年轻的职员，公司也会委以重任。"正树也以这次晋升为契机，与交往多年的美保订婚，可谓工作、家庭双丰收。

　　尽管如此，晋升一年后，正树仍是愁容满面。以前他只用专注于自己的项目，但是晋升后就要兼顾下属负责的企划，加起来有近 20 个公司客户的企划。

　　令正树最痛苦的是不能够支配自己的时间。以前为了避免企划积攒到一起，他都会把向客户提交方案的时间做细微调整。但是最近，就在他自己的企划正处在紧要关头的时候，突然被告知下属的企划已经到了截止日期。刚跟这个下属说完"这种情况就应该早做准备……"，其他下属的邮件也纷至沓来，都是什么"我有个不情之请……"这类的邮件。

　　最危险的就是什么都不说的下属。本来看着下属默默工作的身影正树很放心，却不想临近截止日期，下属交上来的企划书却粗制滥造。正树很想问他一句："你从上周开始，一直在做的就是这个企划吗？"

　　这天晚上，正树一个人坐在电脑前工作。手边放着刚刚提到的那个下属的企划书，而这份企划书需要从头到尾进行全盘的修改。如果还有一周的时间，正树会让下属自己来改。但是第二天就要与客户进行商讨，他也要一同前往，若交给客户的是这样一份企划书，后果不堪设想。正树只能对着电脑一边修改，一边抱怨。

这周末，他本来和美保约好了一起去看新家的家具，但约定似乎又要打水漂了。原本计划工作日完成的企划，不得不推到周末去做。美保也理解正树的处境，没有埋怨过他。但是自晋升以来，这种情况不断出现，正树心里也有些过意不去。

一想到上面提到的那些事情，正树更加不安。美保想要早些生孩子，这一点正树也赞成。但是，如果这种日子一直持续下去，他都不知道自己做了父亲后，生活会怎样。

美保没有辞职做家庭主妇的打算，正树的想法是到时帮着美保照看孩子。但是几天前，这句话刚一出口，他就被美保给狠狠地说了一通。夫妻双方都要工作，养育孩子不能只靠妻子去做。对此，正树也只能无言以对。

让正树不安的还有父母的身体状况。去年，父亲因为高血压晕倒，住院治疗了一段时间。所幸并无大碍，但是这之后会怎样，谁也无法预料。母亲也有膝盖疼痛、腰痛难忍的疾患。正树还有一个妹妹，为了美好的前途，目前正在国外留学。

"如果爸爸再次晕倒了怎么办？"正树总是担心三更半夜接到家里打来的电话。之前父亲晕倒时，家里打来的那通电话让他到现在还心有余悸。因为，平时对待任何事情都能泰然处之的母亲，当时也乱了阵脚，弄得正树手足无措。

不仅如此，成为小组的负责人本来也不是正树追求的终极目标。因为，只有参与更大的企划，才能一步一步晋升为科长、部长、经理。但是那也意味着下属将会增加 20—30 人。究竟要怎样才能管理好那么多人？现在的正树一头雾水，毫无头绪。

另外，正树也没想到让下属保持作为一个专业人员的基本素质，竟然会如此之难。这也是他在晋升前没想到的事情。

正树终于修改完了企划书，日历也翻到了新的一页。他把资料复印之后装订起来。如果是在白天，这些琐事就可以让其他员工去做，但现在他只能靠自己了。

"肚子好饿！"正树终于松了一口气，走出公司，来到附近的一家拉面店。"在这个时间吃这种食物究竟行不行？"正树将猪骨拉面的浓汤一咕噜喝了个底朝天儿，自问自答道："当然行！"

工作繁重又要带娃的妈妈——惠子

　　早晨的惠子总是忙得团团转。五点半起床，洗脸刷牙结束后，马上就要开始做饭。因为对一些食物过敏，上小学的儿子每天必须要自带盒饭去学校，加上自己和丈夫的，惠子一共需要做三个人的盒饭。她甚至还要提前做好晚餐时要吃的米饭。在等米饭煮熟的时间里，惠子从冰箱里拿出周末做好的下饭菜，往三个饭盒里塞上满满的菜。然后，随随便便找点东西吃，惠子就完成了自己的早餐。

　　之后从烘干机中拿出洗好的衣服摆在沙发上（收拾衣服是丈夫的工作），用手机查收邮件。不出所料，在公司上班的惠子，邮箱里收到了很多昨天傍晚之后发来的紧急邮件。

　　因为收到了紧急邮件，惠子只能稍稍推迟叫孩子起床，朝着有电脑的房间跑去。连接上公司的客户服务系统，找出需要使用的资料，集中精力修改了 30 分钟左右。虽然还有几个很重要的邮件，但因为时间关系不得不推迟回复。惠子回到厨房，将刚刚煮好的米饭装进饭盒中。

这期间，丈夫唤小女儿起床，让她自己穿戴好，并将她送到了保育园。但是他吃过早饭之后没有刷碗，厨房的水槽里堆满了装饭菜用的保鲜盒、孩子们的小碗小碟。到头来，把这堆餐具和饭锅、菜锅洗干净，自然就成了下班回家的惠子的工作。

之后，惠子终于换上工作服，与大儿子一起出了门。在去学校的路上，惠子和儿子大约有 10 分钟的宝贵的交流时间，惠子会不停地问："习惯学校的生活了吗？""交到朋友了吗？""老师怎么样？"等等。儿子老实，不用操心，但是，另一方面儿子缺乏积极性和好奇心，也令惠子很担心。这一点跟从小到大不论什么事情都要深究的自己大不相同。

在学校附近与儿子告别之后，惠子一下子便转换成了工作模式。上班途中也不停地用手机，尽最大努力将工作收尾。到了东京中心的终点站后，惠子从站台飞奔而出，大步迈向另一个战场。

傍晚，结束了一天的工作，急匆匆地走在回家路上的惠子，回想着今天上司问她对工作看法的情形。公司处在拓展阶段，首次面对挑战，上司邀请她一起参与到这项新的工作中来。惠子对此非常感激，她也认为公司非常关照她。

在生孩子之前，惠子的绩效要比男同事高。但是生孩子之后，就没有那么理想了。请假带孩子去医院也不是一次两次的事儿。

大儿子放学后，去了附近的小学生俱乐部，惠子不由得担心儿子：是否熟悉了环境，有没有被欺负。哪怕只有一天，儿子哭闹着说"不想去学校，讨厌小学生俱乐部"，也会让她担心不已。

虽然很担心，但还是要去学校向老师打探一下儿子的情况。惠子觉得有些难为情，惠子虽然是家长教师联合会的成员，但是从未在学校活动中帮过忙。因为工作忙碌，根本没有时间去做那些事情，这样一来，连去学校问一下自己孩子的情况，也变得十分尴尬。

更让她头疼的问题是，儿子是否要参加中学的考试。如果要参加考试，从选择辅导班到填写志愿，都需要家长付出很多的时间。当然为了继续支付私立学校的学费，惠子不能辞掉她的工作。去年买房子的贷款，也是以夫妻双职工为前提而贷的。

说起来，婆家寄来了看上去很贵的樱桃。丈夫倒是吃得很开心，但惠子却高兴不起来。因为，收到了这样一份大礼，今年回不去这样的话怎么能说出口。

盂兰盆节回婆家这件事，不管是在经济上还是体力上都不容易。如果是自己一家人外出旅游的话，可以在外面吃饭，但是在婆家，从做饭到收拾碗筷都是惠子的工作。悠闲的只有丈夫和孩子们。

　　即便如此，回不去这种话还是说不出口。儿子如果要参加公立中学考试的话，公公婆婆应该会很高兴，可能还会给点钱资助一下。这看上去似乎有点小气，但是作为抚养两个孩子的母亲，不管有多少钱都不敢说够。

　　但是，如今惠子的生活完全处在崩溃的边缘。生完第二个孩子之后，惠子几乎没有将任何的时间花在自己的身上。前几天因为感冒，惠子昏昏沉沉睡着了。惠子仅仅"停工"一天，家中就陷入了极度的混乱中。也因此，她只好临时取消了自己的体检。

　　惠子不禁陷入沉思，这真的是自己想要的生活吗？

不停打工的自由职业者——阳子

　　阳子读大三的那年秋天，美国发生了经济危机，随后日本的经济也陷入了前所未有的萧条。在高一级的学校前辈当中，突然有很多人遭遇了内定裁员的情况。从那以后阳子的求职也变得异常艰辛。录用预定数和公司说明会都大幅度减少，想应聘也应聘不了。虽然毕业后将近一年的时间，阳子都在找工作，但也只得到了一份工作，在一家 IT 相关的转包公司做合同工。

　　这家公司，劳动强度大得惊人。每天都加班加点到接近末班车的时间。而且员工还经常被公司灌输"在这样的时代，能够被雇用就应该很感激了"的思想，被公司当牛做马。同时，电视新闻和报纸每天都会报道各种因突然被解雇，而失去住所的合同工的悲惨事件。这些都让阳子从心底里感到害怕。"如果失去这份工作，我的人生就完了"，她经常一边这么悲壮地想着，一边默默地继续努力工作。

在那之后的 5 年，虽然最初阳子什么都不懂，但在前辈同事一个接一个地辞职后，她仍不顾一切地努力工作，最终学会了相应的技能。但是，公司依旧不景气。如果一直这样工作下去，可能还是没办法成为正式员工，因此阳子开始考虑换单位。因为合同工不能加薪也没有休假，就算是哪天突然被解除合同，也不足为奇。

阳子首先要面对的是转职代理人。日本社会经济开始复苏后，对于阳子所具备的 IT 相关技能的需求也有所提高。阳子从与转职代理人的谈话中得知，换工作不是不可能。

但是去面试的时候，阳子经常会想"即便进入这家公司，结局也还是和现在一样吧"。无论何种职业，长时间的工作都是常态，工作的人一般觉得"工作是既快乐又充实的"。在回老家放松身心的日子里，阳子下定了决心，"干脆做一个自由职业者"。

刚好这个时候，很多人开始关注自由职业者，也有一些网络工作。虽然这看起来不像是一个轻松的领域，但阳子还是登录了几个网站进行尝试。

但是，仅仅登录的话什么工作都不会有。阳子没办法，只好做起了比学生打工报酬还低的工作。因为她考虑的是，在没有任何业绩的时间里，获取优质信息才是最重要的工作。但是像这样的工作，无论做多少都不会有太多的收入。最初的半年时间，阳子月收入只在 2 万到 5 万日元之间。要不是在老家生活，恐怕连生存都是问题。

坚持到一年的时候，由于工作认真，顾客渐渐增多，阳子每月的收入终于可以达到 10 万日元以上。第一轮工作做得比较好，相应地就会有很多好评。看到好评，新的顾客又开始增加。这样持续了两年，阳子已经可以挣到和之前工作时相差无几的收入了。

一方面，阳子对收入开始放心；另一方面，阳子又总觉得有点怪怪的。因为，她再一次被工作所逼迫了。虽说不需要通勤时间了，但是工作时间却增加了。工作到半夜是再正常不过的事情。有时候还会不知不觉工作到天亮。因为是在家里工作，对于星期几的感觉也变弱，周末也完全没有休息时间。还有与公司员工不同的是，阳子在年节假期也不能休息。

为什么会这样呢？主要是因为不管客户提出多苛刻的条件，都不能拒绝。如果拒绝，就意味着没有订单，那么年收入和工作量都会大大减少，又会使阳子不安起来。

而且，阳子接的活基本上都是同样的工作，也不能获得成长。这样很容易就会被时代所淘汰。

　　一想到这些，阳子就又觉得这样下去，与之前的工作也没有什么区别了。劳动时间冗长，没有休息日。可能正是这种不安和压力，导致阳子最近不能安然入睡，总有一种想要抛开这一切的冲动。

　　视线从电脑上移开，阳子环顾了一下屋子的四周。从初中就一直睡的床，上面是随意乱扔的西服及散乱的工作资料。如今的光景和当年那个"在不起眼的公司上班，家只是用来睡觉的场所"的情景别无二样。

　　一想到之后的数十年都必须这样工作，阳子就抓狂。马上就要步入 30 岁的阳子开始认真地思考"是该做出点什么改变了"。

员工越来越多，
但业绩越来越差的焦虑企业家——勇二

　　从东京都内的大学毕业的勇二，没有直接去找工作。从学生时代开始他就与同伴创业，毕业后他们的公司变成股份制公司，勇二自然而然成了公司的经营者。

　　勇二的父亲是在一家公司上班的正式职员，但勇二并不憧憬那样的生活。因为亲情，勇二很感激父母的养育之恩，但他自己并不想成为父亲那样的人。

　　进入大学后，勇二就开始探寻成为公司正式职员以外的道路。刚入学的时候，在推特和脸书的驱动下，勇二就和知名学生创业家、在新公司干得卓有成绩的前辈，有时候甚至还会和网络知名经营者联络，通过与他们的交谈，更坚定了他想要创业的想法。

　　大三的时候，勇二一边冷眼旁观那些为了求职而理发的同学们，一边和他的三个同伴开始了创业。因为是网络服务公司，所以只需要支付场地费、服务器费和电费。三个人争分夺秒拼命地提供和销售他们的网络服务，公司用户也与日俱增。毕业后，他们把公司变为股份制公司，员工也随之增加。勇二的公司人气暴涨。

随之，勇二的采访及有关创业演讲等活动也不断增多。勇二可以说是分身乏术。

不过，有一天当一位创业成员很认真地向勇二提出了一个问题："继续这样下去，不会很糟糕吗？"勇二被问蒙了，不知如何回答是好，因为他自己其实也发现了这个问题。

虽然事业进展得很顺利，但是从整体组织架构来看，公司发展速度很明显不如创业初期。最近就有一个新的服务项目没有赶上预定的开始时间。在那之前，突然出现了问题，但是过了半天，也没有人有时间去处理。

最开始只有 3 个人的公司，到现在已经发展到有 30 名正式员工，正式员工和合同工加起来将近 50 人。大家经常工作到半夜，办公室每天都有人加班留宿。无论哪个部门，都哭叫着"人手不够"。

幸好投资者的评价都很高，资金也很充足。勇二反复强调："雇多少人都可以，总之要尽快招聘。在这个领域，速度就是一切。"

然而员工虽然增加了，大家也都在拼命地工作，但是工作效率并没有提高。以前只有 3 个人工作，现在工作人数明明增加了 10 倍，为什么还是如此费时费力？那位创业成员指出的也是这一点："我们不应该原地踏步。我们还有很大的成长空间，不该是现在这样的状态！"

问题到底出在哪里？重新梳理后发现了许多问题。首先是讨论和会议的效率低下。各部门的负责人，苦恼于经常要参加各种讨论，导致业务执行的时间不足。甚至还有员工被要求阅读送来的资料，一看就需要半天时间。

另外，一个会议持续开到半夜，但最后却不了了之，没有得出明确的结论。而且这样的会议很多，大家只是满足于持续半夜的兴奋交流。

因为上司过于忙碌，即使有不明白的事情也不想请教上司的下属大有人在。而这个状况所引发的问题，会让上司更加忙碌。

不能在工作中进行取舍。如果仔细观察那些工作到深夜，甚至在公司留宿的员工的工作，就会发现他们的工作顺序选择非常不合理。在一些不重要的工作上，他们所花费的时间长到令人惊讶。而一些勤勤恳恳、非常认真的员工，对于被交付的工作，连日工作到深夜，这样又导致了身体出现问题。

还有一个问题就是，沟通的效率低。与忙碌的合作企业部长预定一个会议，有的员工甚至会被要求等上 10 天（明明只要一个电话就能搞定）。

　　勇二现在非常困惑。照这样下去，这个 50 人的公司很快就会完蛋。不要说成为一个全世界知名企业，就算在日本，也很可能会被接二连三出现的新企业所吞并。

　　虽然勇二的行程排得满满的，他也很擅长营销和网络，但是对于组织运营却是一窍不通。勇二摇晃着自己的脑袋，开始认真思考"究竟该如何发展"。

你到底在忙什么

升职为负责人后，工作时间大幅度增长的正树；因为育儿和工作，忙得不可开交的惠子；求职时遭遇了雷曼事件冲击，成为自由职业者后，仍无法摆脱长时间工作的阳子；对虽然很多职员工作到深夜，效率却在下降的公司感到危机的勇二。

他们每个人都选择了自己喜欢的工作，并取得了一定的成功。但不知为何都过着过度忙碌的生活。正在阅读这本书的你们或许也是其中的一员。

话虽如此，本书的标题既不是"提高工作效率的秘诀"，也不是"双职工的诀窍"。在书里我想要讨论的是一个非常重要的概念，即如何通过自己的能力，去挽回自己的人生，以及今后在社会中存活下去的关键是什么。关于这一点，接下来我会进行详细的说明。首先让我们来回顾一下上述四人的生活，思考一下到底什么才是问题的本质。

正树：知道自己在超负荷工作，可是没办法，因为工作太多了。

> 问题一：
> 想通过延长工作时间来解决问题。

这是令繁忙的人苦恼的一个典型的问题。正树为了把增多的工作做完，不仅平时加班、周末出勤，还把工作带回家做，想通过延长工作时间来解决问题。他认为这是他年纪轻轻就当上负责人应该做的事情，并且认为这是没办法的事，况且大家都是这样做的。

但是长时间地投入工作，真的是解决问题的最佳方案吗？每个人拥有的时间都是相同的，如果延长了工作时间，做其他事情的时间将会大大减少，整个人的生活将会变得越来越忙碌。

惠子：工作和育儿都不能抛下。由于公司方方面面都为我考虑，允许我缩短工作时间，所以我也应该勤勤恳恳地为公司工作。育儿更不能抛下，因为我是一名母亲！

> 问题二：
> 认为所有事都是"必须做的事"，什么都不想放弃。无论如何都想追求完美。

　　惠子无论是工作、做家务还是带孩子，从做盒饭到过问儿子的考试，再到与公婆之间的相处，所有"母亲必须做的事情"她都想做好。但是这种生活如果继续下去，惠子的身体迟早会垮掉。而且工作上好不容易获得的宝贵机会，最终也会不得不放弃。

　　阳子：无论如何，丢了工作都是一件很可怕的事情。一个没有正式工作的人，绝对不会拒绝工作机会吧？如果有，那也只会是一个相当有能力的人吧。

> 问题三：
> 过度缺乏安全感，不敢说"NO"。

　　阳子在毕业求职时遭遇了雷曼事件的冲击，吃了不少苦头，经历过经济独立后每月只有几万日元收入的困境。所以，她至今都无法从"不知什么时候就会丢掉工作"的恐惧中摆脱出来。只要是工作上的要求，无论是突发状况还是一些不合理的日程，她都不会拒绝，所以变得越来越忙。虽然是自由职业者，却像是在黑心企业工作的上班族一样，年节假期都不能休息。

这种"不懂得拒绝"也是造成过度忙碌的一大原因。除此之外，由于"因为是孩子朋友的妈妈邀请""因为是领导请我帮忙""因为是长辈所希望的"等原因而不敢说 NO 的也大有人在。他们担心自己和孩子被别人误解，担心被别人排斥，担心别人说自己家庭生活不好，等等。

其实就算是稍微辜负了别人的期望，能用一种自己满意的方式来使自己恢复正常的生活状态，也不是不可能的，但是很多人都不懂这样思考问题。

勇二：所有职员都专心地对着电脑，连续好几天工作到深夜，可工作效率却很低。到底是哪里出了问题？

问题四：
陷入了"无论如何先努力着"这种零思考的模式。

日本人喜欢"拼命地工作"。一边飞速地敲着键盘，一边目不转睛地盯着文件。看起来似乎精力特别集中，但其实效率很低。

为什么效率与工作时间长短不能成正比呢？那是因为没有认真思考，而是仅仅将注意力集中于眼前的工作。

其实到目前为止出现的四个问题，都与一个非常重大的问题息息相关。

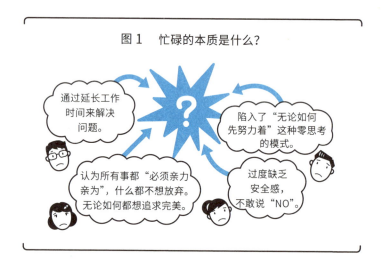

图 1　忙碌的本质是什么？

所以，这四个人想要摆脱过度忙碌的生活必须看清问题的本质。而且这个问题也是与当今社会的趋势密切相关的。

现阶段的正树、惠子、阳子和勇二都没能看清问题的本质。所以，大家都没能摆脱繁忙的生活。

那么问题的本质究竟是什么呢？

在看下一章给出的答案之前，请大家务必尝试着自己思考一下。

1

为什么要学会
掌控时间

效能与生活息息相关

引言中登场的四个人面临的一个共同问题就是"效能低下"。也可以说"没能很好地理解效能这个概念",或者是"没能很好地理解只有提高效能才是解决问题的关键"这一点。

不过,人们对"效能"这个词的理解,可能会比其本身的意思要狭窄一些,对其重要性也没有正确的认识。也会有一些人认为:"我又不在工厂工作,和我无关。"或者认为:"效能只与工作有关,与家务、游玩无关。"

但是,基本意义上的效能不仅仅关乎工作,它与家务、育儿、兴趣爱好、义务活动、学习,以及人和人之间的交往、生活的各个方面都息息相关,它是使这些活动的成果达到最大化的关键所在。

另外,我想撰写这本书的另一个原因就是:现今社会已经开始急速转换成为"高效能社会"。

效能不仅存在于经济、商贸领域,而且已经推进到了找工作、找对象、消费活动、慈善活动等生活中的所有领域。

这一次,本书想谈谈和市场化一样明确显示当今社会发展方向的"社会高效能转型"。

今后，高效能转型将以我们从未经历过的速度，高速运转于我们生活的方方面面。它们会以什么样的现象呈现在我们的面前，下文将一一阐明。

如何更有效地活用时间

所谓效能，即"时间和金钱等有限的宝贵资源"和"希望获得的成果"的比例。大家可以把它看作是"稀缺资源被有效利用的程度"。

向高效能社会转型是指"社会在不断地向高效能的方向运转"。也就是说，当今世界所存在的一切资源，将会被人类以更高的水平加以有效利用。

当然，这种运转并非现在才开始。随着工业革命的兴起，手工业生产的商品转为由机械制作。这就是把生产效能低的制造方法转换成了生产效能高的方法，也就是高效性转型。但是，值得注意的是，这种高效性转型的速度已经在急速提高，并且其影响范围也开始不断扩大。

最让人一目了然的就是优步这种服务模式。现在很多人

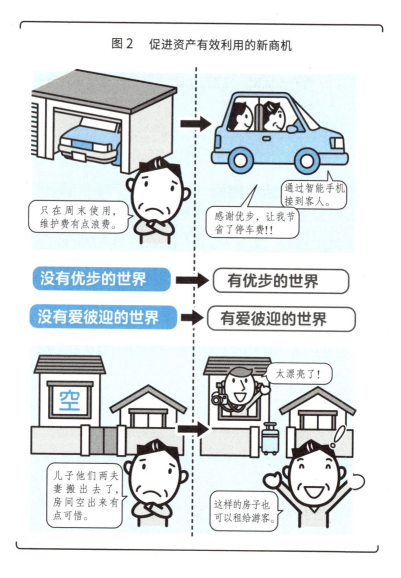

图2 促进资产有效利用的新商机

可以利用自己的空闲时间，用私家车载客来赚取外快。还有一种模式就是爱彼迎，将自家空置的房间或者套房、独栋房屋，通过网络租借给需要的人，这种服务模式正在不断扩大。

通过这两种服务，可以将没得到利用的三种资源加以有效利用，使之产生价值。

第一种资源是优步开始的"私家车空置时间"。一般来讲，个人所拥有的私家车的使用率不高，可以有效利用长时间停在车库的私家车的空置时间来载客，获取价值。第二种资源就是爱彼迎所推崇的"空置房屋"。第三种资源是拥有汽车和房屋所有者的空闲时间。毋庸置疑，没有空闲时间的人不可能成为优步司机，也不可能成为爱彼迎的房东。由于这些服务的出现，有空闲时间的人，才能有效利用他们的时间。

汽车的空置时间、房屋的空置空间、人的空闲时间，这三种资源通过优步和爱彼迎得以有效利用。也就是说优步让私家车及车主所拥有的时间的效能得以提高。爱彼迎让房屋及房主所拥有的时间的效能得以提高。同时，让资源产生价值，变换成现金。

优步的出现遭到了日本所有城市出租车司机的强烈反对。那么，专业出租车司机为什么会输给优步呢？

因为优步是用信用卡结算的，很方便；另外，导航仪可以让行车路线一目了然；乘客还可以通过看评价知道司机的服务星级。优点不胜枚举。当然，优步最大的优点就是它的效能压倒性地大于出租车。

我们想象一下出租车行业，到底是一种什么样的服务？看看在东京等大都市跑着的大量空的出租车，就不得不叹息这种服务效能是何等低下。到了更小的城市，情形也差不多吧。在火车站，大量的出租车要等上好几个小时，才能拉上一个客人，效能低下得让人难以置信。

当然，如果是优步，司机只会在自己空闲的时间就近寻找客人，不会发生浪费时间的情况。也就是说，将来出租车系统必然转换为优步系统的理由，自然是由于后者的效能要远远高于前者。而且，在所有领域，社会都会朝着高效能的方向转变，这就是高效能社会的转型。

同样，还有一些平台通过网络，为公司的招聘和找工作的人提供方便，这也是一种劳动力效能的提高。因丈夫工作调动而辞职的女性不在少数。迄今为止，这类女性的能力和时间这些稀缺资源，完全没有得到有效利用。

但是，如果人们通过这些平台来找到工作，那么资源将会被有效利用，产生价值。同样，抚养幼儿的女性也可以利用空闲时间，比如孩子的午睡时间，工作几个小时来有效活用她们的技能和时间。

最大限度地利用每一分空闲时间

所谓"效能提高"就是将所有资源的有效活用度提高，也就意味着，所有资源会比现在更有效地被利用。

当然，以前也有类似的事情。不过，即使只是一个小时这种不确定的空闲时间，一间算不上特别完美的空置房间，也能得以利用。

智能手机上市之前，等待电车的时间就是一种时间的浪费。但是现在，即使只有几分钟，也可以利用等电车的时间回复一封邮件。以前，如果想要提高效能，在制造业方面，只能依赖工业机械、宝贵的知识，以及石油燃料等物质。但是，现在个人所拥有的微不足道的私有财产和空闲时间的效能，也能大大提升。

社会的高效能化势在必行。事到如今，也不可逆转。因此，当一项新的技术或新的服务出现的时候，来判定它的效能如何便尤为重要。

未来社会只会留下效能高的，效能低下的产业将会被淘汰。因此，很多人在选择学习以及工作领域的时候，也会尽可能地选择效能高的领域。在发现新服务时，能够马上判断出"这项服务超棒！绝对流行！（效能高）"的人很容易看清未来社会的发展动向。

当然，如果是自己创业，能够在事前就考虑清楚该事业的效能究竟有多高，那么就能判断出该事业成功的可能性有多大。因此，未来在各个方面以效能为基准来看待事情将会很有必要。

把时间花在能获得足够回报的地方

我经常在推特和博客上批判学校教育。因为我认为"学校作为学习场所，效能过于低下"。

很有意思的是，大部分反对我这种观点的人都说："尽管如此，当今的学校教育还是有它的价值的。"也有人说："我在学校学习到的知识，对我走上社会起到了很大的作用。所以，学校有其价值所在。"云云。

估计这种观点和我的观点之间的争论还会持续下去，不会终结。

事实上，和我相左的观点都是指："学习教育的价值在零之上。"我对此也不反对。学校教育的价值毫无疑问在零之上。但是，我看重的是，为了获得这种价值，所投入的稀缺资源和所获得的价值比率，也就是效能的问题。

我的主张是："在学校里所学的，和其他选择项相比，学习效能相对低下。所以，没有必要勉强去学校学习。"学校的价值虽然在零之上，但没有必要为此而无条件地投入自己的时间和金钱，而应该认真思考是否还有更高效能的学习方法。

时间和金钱是有限的，也是宝贵的。因此，要将这些资源用在能获得足够回报的地方，也就是要使时间和金钱的效能最大化。如果是这样的话，那么作为学习场所的学校效能是过于低下的。

导致学校效能低下的最大原因就是：学校并不能根据每个人的理解水平来调整教学进度。一个至少有 30 名学生的班级，水平最高的学生和水平最差的学生的区别，在于他能不能有效地利用时间。

这其中最能有效地利用时间的同学，估计只有 10 人左右。而且，即使这 10 名同学在英语课上能有效地利用时间，但在物理课上也完全有可能浪费自身的时间。

当我们处在一个只有在学校才能完成学习的时代，每个人都不得不前往学校学习。这如同在没有优步的时代只能使用出租车一样。出租车的价值的确是在零之上，而且也是一种非常值得称赞的服务。但是，出租车的效能与优步所产生的效能相比，那就是小巫见大巫了。

未来的学校，应以"学习效能"这种观点来与其他新型的各类学习场所进行比较。如果效能低下，将不会以现在这种形式存在下去。

学校也需要金钱。但是，学校教育最大的问题是浪费时间。我个人认为：大学里需要四年才能教授的知识，如果能提高效能，一年就可以教授完；或者如果一定要四年时间，那么学生就应该学到比现在多四倍价值的知识。

几十年前，在只有纸和笔的时代，需要四年教授完的知识，到现在还需要四年，大家会不会觉得太没有进步了？如果只用一年就能学到四年的知识，那么不仅仅是节省了时间，费用方面也只用交一年的费用了。

现在的情况是，学校的效能与我个人的期望值相比，至少低了四倍。因此，也让我不得不怀疑它存在的意义。

观点与"从效能的角度来考察是否有意义"这个观点相左的人，一般只将关注点放在"价值是否在零之上"。

比如，关于如何考虑公共设施建设这个问题，包括我在内的大多数对公共设施建设持反对意见的人都认为，现在的公共设施建设效能过于低下。所以，我们不提倡在这个领域投入过多的宝贵资源。

自从进入低成长时代以来，所谓的地方美术馆，只有闲人才能到访的温泉设施，以及交通流量极少的高速公路等的效能确实过于低下。与对应的投入资源相比，这些产出的成果甚少。如果宝贵的资源能够得以有效地活用，那么就不存在反对公共设施建设的理由。讨厌官僚主导和公共设施建设的大多数人，主要是忍受不了其效能过于低下。

不过，反对这一意见的人一般会说："为了减小城市和地方的差距，有必要建设高速公路和新干线。""为了激发地方的活力，补助金是有必要的。"这些说法里没有效能这一概念，简单来说就是"新干线和地方美术馆的价值在零之上"。

但是，笔者认为有必要思考：高速公路、新干线的建设，就一定是缩小城市和地方间差距最有效的办法吗？难道就没有其他更好的办法吗？激发地方活力最有效的办法一定就是给地方发放补助金吗？

由于以价值的绝对值来评说好坏的人，与以效能的高低来判断是非的人混杂在一起，所以，这两类人的意见也一直有分歧。

让金钱的使用效能变得更高

关于跨国企业的避税问题，如果从效能的观点来看，一般会产生不同的解释。亚马逊、苹果、谷歌这类跨国企业，它们会在税率低的国家获取账面上的利益，从而有组织性地避税，这一做法遭到了全球的批判。

这些企业挣得盆满钵满，却为何不愿意纳税？如果企业纳税了国家便可以开展基础建设，完善教育制度。富足了的人们又可以反过来成为苹果、亚马逊的优质客户。最终结果，长期纳税行为是可以期待回报的。那为什么这些企业又要持续这种大规模的避税行为呢？

这些企业只是单纯地想要增大利润空间，提升股票价值吗？不能完全说不是这样。但是，我认为它们这种尽量压低纳税金额的原因，在于想证明"它们在金钱使用方面的效能要高于国家组织"。

谷歌投入了1000亿日元（约合60亿人民币）用于人工智

能、基因解析及智能汽车的研发。这与美国政府将纳税人的钱用于制造无人轰炸机、炸弹的费用相比，与日本政府将纳税人的钱充当地方再生资金，导致资金的分散相比，试想哪类金钱资源的效能更高？

如果从"哪个方面的金钱能产生更高的价值，就得以有效活用"这一角度来考虑，我想这些企业没有纳税的意愿也是情理之中的事情。

试想苹果公司通过其生产的iPhone，使我们的生活变得如此便捷与丰富多彩；当自己或者家人生病的时候，通过谷歌查询，我们很快就能找到治疗方法，以及相同疾病患者的病例介绍。据说再过10年，连身体残疾的老年人也能通过智能汽车周游各地。如果这些企业和国家可以自由选择纳税用途，那么大家会选择哪些领域呢？

对于只是为了积攒更多金钱而避税的日本企业，我认为这些企业还是应该认真地纳税。但是，对于亚马逊、谷歌这种不断进行投资，而且在其投资领域能够产出惊人成果的企业，与其让它们纳税，不如让它们自由地将全球资金用于研发来贡献人类。因为它们资金的使用效能更高。

以少的劳动力换取最高收益

现在也有不少人意识到了社会效能转型在急速推进这一事实。而且，最近有很多人开始谈及基本收入制度的必要性。不过，虽然都是提倡推进这一相同制度，但是他们所指的方法又完全不同。

所谓基本收入，就是与你拥有的所有资产和所得收入高低无关，是每月下发的保证全体国民最低生活水平的现金金额的一种制度。这可能难以实现，但是一旦导入这种制度，退休金、失业保险、生活保障便都不需要了。也因此，这方面的预算维持该制度所需的人工费也不需要了。那么，资金源便可以得到确保。

事实上，在瑞士已经发起了一场全民公投。也就是在2016年，对是否要导入一项基本收入制度，即向每个大人每月支付2500瑞士法郎（约合人民币16757.4元），向孩子支付625瑞士法郎（约合人民币4189元）的现金，进行了全民公投，虽然最终这一决议被否决，但是这表明在现实社会中，大家已经对此开始探讨。

有人因为自尊心过高而不愿意接受低保，也有人因为需要审查，即使低保很有必要也加以拒绝。但是，如果导入了基本收入制度，那么全体国民都能获得补助，从心情上来说也比较轻松，另外也不需要审查就可发放给全体人员。

与此相对，最近出现了一种将效能低下的人从劳动市场排除出去的基本收入论。大家知道这是什么吗？

这种理论的前提就是，如果社会效能提高，那么就会演变成一个只有极端的一部分人工作，而大部分人没办法生存的社会。因此，一大半的人不工作也可以从国家获得基本收入。

日本虽然食物自给率低，但是大米的自给率已达到了100%。现在的日本，从事农业的仅仅只有200万人，这些人当中还包括了种植蔬菜和水果的农户。所以，即使农民再少一些，也能提供日本全体国民需要的大米。

未来将会由机器人播种，由通过画面来监控农田情形的人工智能系统决定洒农药的时间和数量，然后给无人机发出指令。发展到这一步应该不需要太长的时间吧。照此下去，大米的生产效率再提高至现在的10倍，哪需要200万人，仅20万人就能给日本全体国民提供足够的大米。20万人仅是我推特的粉丝人数。

日本农林省希望维持农户的人数，但作为消费者来说，即便农业从业人员的数量减少，如果能够生产出相同数量的农作物，就没有什么问题。说农民数量不足，其实就是这种农业方法生产效能太低。

现在只需要极少一部分人的劳动，就可以提供所有日本人所需要的大米。与此相同，如果其他的食品业、工业制品业、服务行业发生了同样的情况：只需极少的一部分人工作就可以生产冰箱、汽车；餐馆、24 小时服务店可以开展无人销售服务，小卖部可以不需要人工作；在亚马逊买的商品可以通过无人货车进行搬运，最后通过机器人送到家门口。这样，世界已经发展到了一个不用多少人工作就可以解决问题的时代。当然，愿意工作的人也可以工作，形成该系统的工作形式将会保留下来。也就是说，能够促使社会高效能化的工作将保留下来，其他的工作则会消亡。

不要让工作价值变成负值

事实上，在工作的人当中，有的人工作价值在零之上，而有的人的工作价值是负值。

比如，那种为了坚守生产效能低下的产业，而制定多余制度的人，他们不工作还会使社会整体产生更大的价值。以轻罪逮捕、起诉知名企业家的警察、检察官；通过粉饰决算、修改数据来对那些没有发展前景、没有竞争力的商业项目，不断投入才华横溢的技术人员的商人；对为了提高效能而试图采取的新技术加以全力阻挠的既得利益者，他们给社会带来的价值就是负值。

因此，对于这些人，也会给予他们和现在相同的报酬，希望他们不要工作。对于社会整体来讲，他们不工作就会给社会带来更多的利益。

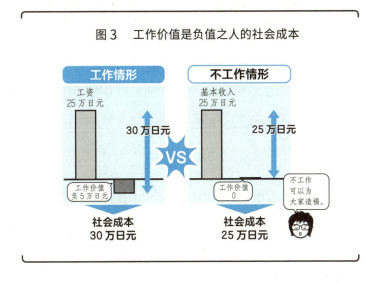

图3　工作价值是负值之人的社会成本

导入基本收入制度，这部分人（工作会给社会带来负值的人）当中的一部分如果能够这么想："如果不工作也能够获得金钱，那我就不工作。"这对社会整体来说就是获利。也就是说，我们将迎来这样一个时代：对于那些没能创造价值的人，今后会"给你相应的工资，但希望你别工作"。

资本主义被说成是弱肉强食的社会，但是，现代社会的强者并非是要吞掉弱者，他们只是单纯地希望最终能提高效能。但是这个世上，就有一些人讨厌新技术、新制度，进而开展反对运动。因为如果他们所在领域的效能得以提高，他们所做的这类效能低下的工作将会消亡，这个原因导致了他们的不安。

有志于高效能社会的人，之所以赞同基本收入制度，并不是因为它作为一种福利制度有多优越，而是不愿受那些对提高效能持反对意见的人的干扰。因此，他们极力赞同的基本收入制度是："给你们生活费，你们自个儿去玩儿吧。你们工作只会给别人添麻烦。"

虽然我写得有些不留情面，但是，社会高效能转型说得极端些，就是这种情形。我们已经迎来了一个对效能低下的人说"你可以不工作。当然，会给你生活费"的时代。

如果你不想被别人这么说，那么你可以做一件事，那就是提高效能。虽然也有人会认为不工作也能获得收入（基本收入）是非常幸运的；但是，另一方面，如果被人说"给你钱，你不要工作"，估计大部分人不会开心。不管怎么说，人生太长，无所事事太无聊。

在这个高效能的社会，大部分人不用工作也可以很好地生活，那么，这个社会将对我们提出什么样的要求呢？这是本书要谈的主题。

选择高效能的工具

开始重视"作为评判基准的效能"，我认为是在以 YouTube（世界最大的视频网站）为生计的这批人出现之后。我一边观看大受欢迎的视频，一边也感叹不已。我的强项在于写文字，现在我是通过推特、书籍来传达我的思想。但是，与视频和漫画相比，我认为纯文字非常不占优势。它朴实无华，市场规模也小，受众只是会日语的人。我觉得非常可惜和遗憾，如果再晚出生10 年，我想我也会盯着 YouTube，并以此为生。

不过，偶尔我也会觉得文字也有其高效能的一面，每当这个时候我就会心情大好。当然，听两个小时的谈话需要两个小时，即使快进，能听下来也需要一个小时以上吧。但是，两个小时的谈话若有文字原稿在手边，大部分人只需要30分钟就能理解大致内容，速度快的人可能只需要15分钟。这意味着文字的效能比视频要高出4至8倍。

漫画和视频易懂，且能让人轻松观看，但是在"传递信息"这个层面，文字有压倒性的高效能。特别对于那些传达的信息难以理解的情形，文字可以当作一种超高效能的工具。

因此，今后视频的拍摄和剪辑不管变得多么简单，大家还是都看 YouTube。我想不会出现不再有写微博的人，也不再有书籍，一切都仅靠视频和影像节目来传递知识。展望社会高效能转型的发展方向，文字最基本的表现功能占据有利地位。

现在观看电视节目的年轻人减少了，因为在电视上不能挑选自己想看的部分观看，也不能在自己空闲的时间快速观看，其效能太低（无法有效利用时间这种稀缺资源，是对观众宝贵时间的浪费）。

将观看电视的人减少的原因归结于"节目没有意思"是不正确的。不管是电视还是网络，或是漫画、书本，都会有有趣的内容和寡然无味的内容。而且，不管是哪个领域，绝大部分内容是没有意思的。电视和网络的区别并不在此。

由于电视播放不能检索，也不能由观看者任意选取想看的部分观看，其效能过于低下，才导致在高效能转型发展的未来社会难以持续下去。

不浪费时间，不仅是对自己，也是对别人

据说堀江贵文（日本知名门户网站 Livedoor 的前总经理）曾对在他的脸书社交留言板上写下长篇大论的人怒道："不要浪费别人的时间。"我对于那些给我发来长邮件的人也不回信。研究地方可持续性发展的专家木下齐先生就明确表示过：对那些在邮件中说"想来寒暄一下"的人一概不见。不管是堀江贵文还是木下齐，都是重视效能的人。

对于那些发冗长邮件，还有那些说"想来寒暄一下"的人，从他们的行为就能看出他们是没有效能的人。由于意识不到自己时间的宝贵，所以对他人宝贵的时间也会毫不在意。因此，对于效能非常敏感的人在见他们之前，就能断定"不想和这种不理解效能的人一起工作"。

效能高的人只愿意和有效能意识的，且明白高效能价值的

人交往，与他们一起工作。因此，我们即将迎来一个这样的时代：如果你的言行举止表现出你的效能意识低下，仅此一点，你就会被排除在高效能的人际交往圈之外。

如何更有效地活用资源

如果效能提高，所有宝贵资源能得以有效活用。比如，以前只有婚纱和晚礼服可以租借，而现在，即使是一般的服饰，也已经有了出租服务。所谓共享经济，就是在高效能转型的潮流中出现的一种商业模式。

除此之外，现今还有许多没有得到有效活用，而被闲置的宝贵资源。比如学校的操场、校舍、牙科医院、美容美发店、餐馆等设施，在其营业时间之外都完全没有得到活用。

如果新建一家牙科医院或美容美发店，那么会花费数千万日元的装修费、设备费、保证金等。但是，已经建好了的店面，它一天中只有一半的时间在使用。

如果两位美容美发师共同使用一家店，一位使用白天的12小时，一位使用晚上的12小时，那情形会如何？在大都市，有很多人会在深夜或者一大早跑去美容美发店。

这类场所房租很高，如果是两位美容美发师分开使用这 24 小时，那么就只需要负担一半的房租。如此，场所和设备都会比现在要得到有效活用。

现有的出租服务，大多是大厦的会议室、公司用车、公司大活动室的出租。今后，美容美发店这类店面的共享经济也会开始吧。

众所周知，地球南半球和北半球的夏天和冬天正好相反。北半球的人在夏天的时候，不用穿冬天的衣服，冬衣都挂在自家的衣柜里。将来，这些冬天的衣服在夏天如果得以活用（送到冬天的南半球去）。那么，服装这种资源的活用效能就会比现在多几倍。

可能会有人敢断言不会出现这种情况。在接下来的 20 年中，绝对不会出现的事情，我可不敢说。因为，在过去的 20 年中，世间发生了太多的变化。

学会正确管理自己的人生，不断给人生加速

如果效能提高，当今相同数量的资源会产出比现在倍增的价值。这对谁来说都是一件幸运的事情。不会有人有效活用了

自己的时间、金钱和所有物后还会遭受损失。提高效能决定了个人的市场价值，企业效能的水平决定了企业价值，社会效能决定了整个国家的经济规模和成长率。

如上所述，社会的高效能转型并非现在才开始，这种转型从工业革命的蒸汽机代替人力和马力的时候就已经开始了。但是，其速度和规模直到现在才突飞猛进。

其最主要的原因是从互联网开始的电子技术，智能手机、无人机这类电子技术得以开发。今后，人工智能将会进一步发展到 IOT（Interne to Things，物联网）、遗传与基因工程学，这种强力推动高效能转型的技术将会不断被运用到实际生活中去。

我现在所说的希望大家理解效能、提高效能，并不仅仅是希望大家能够快速地完成工作，提高生活效能。因为如果不从效能这个视点来看待事物，就没办法判断未来社会的发展方向。

最典型的就是前面谈到的教育投资。所谓"教育投资得到回报"并不意味着"给学校的投资要得到回报"。作为为获得一定教育成果而采取的手段，如果不能理解去学校上学的效能极其低下这一现象，那么，大量的稀缺资源便会浪费。

在选择职业、选择自己的人生的时候，在考虑工作的推进方法、推动社会发展的时候，如果你认为它的价值比零大，就是"有价值"的，那么，在你投入时间和金钱的时候，不管有多少时间和金钱都总感觉不够。结果就是，你会一边抱怨"金钱不够，时间不够"，一边蹉跎岁月。

做任何事情的时候，如果不能找到能将自己的宝贵资源得以最大限度地活用的高效能方法，也不能获取尽可能多的回报，那么你就无法获得随心所欲、大展才能的人生。

最重要的是保持效能意识，通过尝试、失败、再尝试的方法去掌握和提高工作与生活的效能。

在引言中提到的四个人，眼前的生活都很窘迫。如果这种状态持续发展，情况会越来越糟糕。他们首先必须搞清楚自己的问题根源在于"效能低下"。

升迁后的正树劳动时间之所以长，是因为效能低下。他的效能应该要比那些还未升迁的同事高。但是，他的效能还没有达到管理者的水平。因此，作为管理职员，他陷入了苦闷的状态。

大家可能认为"惠子虽然工作时间短，但绩效高，效能应该很高"。的确，她在工作方面采用的是高效能的工作方法。但是，从她的整体生活来看，她为了完成必须完成的工作而削减睡眠时间，是为了尽一个母亲的职责。其实，这和没有完成工作而削减睡眠时间去加班的公司职员一样。

对于阳子而言，她不得不在一个能确保她最低收入的环境中工作。这可能是处于就职冰河期，作为新人的自由职业者"不得不做的选择"。但是，长此以往，她永远也没办法逃离这个魔咒。

在勇二公司工作的职员也没有理解效能的概念。他们中的大多数认为"快速运动身体"就是效能高的工作方法。比如，快速运转眼球，用 5 分钟读完 10 分钟的书本；或是快速运转手指，用 40 分钟完成一个小时的打字量，这是效能高的工作方法。勇二公司的销售团队没有把握高效能的正确定义。

通过快速运转眼球、手指，快速完成工作的方法也有局限性。因为一着急就容易出错。而且，即使打字速度加快，如果事业再进一步得以拓展，工作进一步增多，那结局就是，员工不断地削减睡眠时间来工作。

对于创业时间不久的新企业，不管是经营者还是工作人员，从早到晚地工作，没有长假和周末，有时候甚至晚上都得睡在办公室加班，这样的情形并不少见。这种情况，在某种程度上也许是"不得已而为之"。

但是，在新企业里，除了"全体员工效能低下，工作时间超长的企业"，也有"全体员工理解效能，但工作时间仍然超长的企业"。虽然从表面现象看来，两者相同，但是两个公司所获得的成果却相差甚远。

效能高且工作时间长的企业，与其他企业相比，能更快速地扩大和成长。另一方面，那些没能提高效能、工作时间超长的企业，将快速步入黑暗之道。既没有业绩，大家也疲惫不堪。

如果上述四个人不能理解效能的概念，将眼前的问题放一边，老想着"投入更多的时间就可以解决问题""手脚再快点就可以解决问题"，那么，就会如他们自身意识到的一样，他们的生活在有些方面肯定会出大问题。

有可能是身体或心理上出现问题，或是不能应对突发事件，与下属和员工关系不和，也有可能会出现家庭和工作之间的冲突。虽然不知道会发生怎样的情况，总之，他们将会陷入一种困境。

他们"过于忙碌"这一问题的实质就是效能过于低下。

🧑 作者：因此，我们来看一下提高效能的方法。

正树：等一等！效能确实非常重要……但是，这与我的工作有关系吗？

惠子：嗯……如果效能提高了，生活可能会变得更加慌乱、忙碌，有点可怕。

阳子：以前我工作过的那个过度剥削员工劳动时间的单位的社长，一天到晚将"效能"挂在嘴边，但也没觉得有什么好的效果。

勇二：在创业过程中，新事业会不断被开发，并且不断开展，所以，太专注于效能会……

作者：这四位人物都对效能持有怀疑态度。确实对于家庭主妇和白领来说，对导入效能会有很大抵触。那么，让我先来回答大家的问题。

2

当有正确目标时，
你的努力才会
发光发亮

把握好生活的节奏，拥有张弛有度的人生

向高效能转换已经成为社会发展趋势的关键。不过，虽然有些人对提高效能的新技术和服务拍手叫好，相反也有很多人完全不理解，也不想提高效能，甚至对"效能"这个词感到十分厌恶。

这与人们对"社会市场化"要求他们"提高自身市场价值感"的反应是完全一致的。说到面对市场化社会，我们需要提高自身的市场价值感，会有很多人误以为这就是"存钱"和"投资或者商务"的意思，也有人觉得这些话题与自己毫无关系。

其实，市场化、向高效能转化等话题会给普通人的生活带来很大的影响。如果我们从一开始就抱有"与我无关""反正我也做不到"之类的心理，会是一件十分令人惋惜，也十分危险的事情。

在引言中提到的四个人，也处于对"效能"这个词完全不能领会的状态。所以，我希望通过解答他们的问题，让大家意识到这个概念的重要性，并理解它的含义。

惠子：我想要的是悠闲的生活方式，提高效能只
会让我更忙碌吧？

"高效能的生活"，初次听到这一说法的惠子脑海中也许会
浮现出那些一整天持续工作的人忙碌的样子。的确，这与悠闲
的生活是完全相悖的。但事实上惠子想实现她所憧憬的悠闲生
活，就必须提高自己的效能。

请看图4，上半部分属于效能高的人，下半部分属于效能
低的人。左侧是张弛有度型，右侧则是全身投入型。

图4　效能高低与时间分配的组合

右上侧"高效能＋将所有时间集中在一件事情上"这一类人，一般是那些将事业开拓到全世界的企业家、想成为世界冠军的运动员、音乐家、棋手等在自己领域处于顶峰的人。

他们将大部分时间都投注在自己的目标上。而且在付出的时间内，保持了极高的效能。不这样的话，他们是不可能在世界范围内的竞争中大获全胜的。

采取这种生活方式的人，会因为全身心投入在自己喜欢的事情上而感到幸福，但是，现实也十分残酷。

不过，并不是所有高效能的人都选择了这样的生活方式。这个世界上，大多数人都没有将自己的目标设定得那么高，而且如果人每天都维持那么高效能的状态的话，精力将会很快消耗殆尽。

我自己希望达成的，同时也想推荐给惠子的生活方式并不是右上这一类，而是左上侧。这一类人的效能很高，但是目标并没有定得过高（把家人健康快乐这种程度的事情作为目标），这是想过悠闲生活的人应该努力追求的生活方式（见图5）。

既然目标不高，那为什么一定要提高效能呢？因为如果效能低，你必须一整天都忙于工作。想过悠闲的生活，就需要将家务活、维持生活所必需的工作等尽量以高效的方式（即在短

图 5　普通人应该努力的方向

时间内）完成，将剩下的时间花在陪家人或者个人兴趣上，也就是应该过张弛有度的生活。这对于大多数人来说是比较舒服的（高效能）生活方式。

右下这一类，描述的是由于效能低下，不得不投入大量的时间在工作上的人。这就是前文中提到的正树和阳子的情况。

左下的类型是"效能很低，同时还不怎么想工作"的人。这种人通常会陷入无法自立的状态中，只能通过借贷等维持生计。不过近年来也的确出现了一些这样的人，比如山村里可以自给自足的人，还有一些通过住合租房来降低生活成本，维持最低限度生活的人等。此外还有一些继承了亲人庞大遗产的人，也可以选择这种生活方式。

但对于大部分想要平凡度过人生的人来说，不管是右侧还是左侧，都没有选择下面两种类型的理由。我们应该追求的都是上半部分高效能的生活。

惠子听到了应该"提高生活效能"的建议，也许会觉得我是在要求她将右上的类型当作目标。

其实未必，选择右上还是左上是一个价值观的问题，每个人都应该依照自己的喜好来选择。

但是，对于上侧和下侧的问题，当然是选择上侧比较好。惠子和阳子都不是想过高人一等生活的人，那么她们"是高效能比较好，还是低效能比较好"这个问题也就不必追问了。

最近还有很多人想要提前退休，但是如果不提高自己的效能，这个想法是不可能实现的。比如说一个人从 25 岁到 65 岁共工作 40 年，若他能提高三成的效能，则：

· 一年收入 500 万日元（约合人民币 30 万元）

· 500 万日元 ×40 年 =2 亿日元（约合人民币 1200 万元）

· 一年收入 650 万日元（500 万日元 ×1.3）

·650 万日元 ×30.8 年 =2 亿日元

可以提前九年退休。

这也是在时间上采取了张弛有度的做法，属于"悠闲且高效的生活方式"的一种。

这种希望把生活过得更悠闲的人，就应该先提高自己的效能。想要确保自己有时间做自己想做的事情，想要长期保证有休闲时间——有这样的想法的人，就应该将提高效能常记在心中。

如何利用有限的时间高效做事

正树：我的工作怎么看都是创造性的。提高效能对在工厂里工作的人是很重要的，但是跟我似乎没什么关系。

这也是我们经常听到的一种误解。从事创造性工作的人，是不是就不用在意效能了呢？

在这里我们需要思考一下：想要最大限度发挥自己的创造力，应置身于什么样的环境中呢？

像艺术家这类追求创造性的人，经常会把森林里的别墅或者海边的度假酒店等地方作为创作场所。还有很多人想通过探访人迹罕至的秘境，来获取新的创造灵感。

他们并不是因为有钱有闲，单纯地在玩，而是希望通过置身于与城市完全不同的非日常环境中，来获得前所未有的灵感，才特地到这样的环境中去的。换言之，他们正是为了最大限度地提高自己的效能，而有意识地选择了置身于自然环境之中。

因此，想要达成"发挥创造力""从零开始发散思维""寻求变革""放松精神消解压力"这种看起来与效能完全无关的目的，也存在高效能的方法（当然也存在低效能的方法）。

大前研一先生在其著作《大前研一败战记》中介绍了一段逸事。他作为一个研究者，在日立制作所工作的时候，一次他离开自己的办公桌，在公司的庭院里一边散步一边思考。为此，人事部门认为这种行为像是在偷懒而训斥了他。对此他回答说："我脑子在思考问题，即使在公司的庭院，也是在工作呀。"

我完全赞同大前研一先生的说法，比起在狭窄的工位上一整天对着桌子（那个时代还没有电脑，所以，桌上摊开的一般是书或者笔记本），一边散步一边思考，他的效能或许会高得多。

如果我们的社会无法接受"为了提高思考的效能去散步"的工作方式，那么也没法产生"如何才能提高思考的效能"这样的疑问。

很多外资企业把战略会议称为"outside meeting"，将会议的地点选择在风景宜人的度假村。

这并不是"借工作的名义出去玩"，而是为了让讨论的效能更高而特意采取的一种方式。

比起在公司的会议室开会，让员工置身于不同于平时的环境中，穿着舒适的衣服聊天，他们会更放松、更自由地讨论。一些大胆的提议和平时会有所顾忌的意见才可能被提出来。放松上下级关系的意识，让老板与员工之间更容易交换自己的意见＝讨论容易出成果＝讨论的效能提高。基于这样的考虑，公司才会将时间与金钱投资在办公室外的会议上。

同样，无论我们的目的是要变革还是发挥创造力，抑或是讨论一件事情，都有必要时常思考"采用什么样的方法才能提高效能"。这种情况下并不存在"追求高效能会限制创造力发挥"的问题。

个人也是一样。我们会有"想尽快忘掉一些不愉快的事""思虑过多导致大脑空白，想要放松"的时候，我们需要思考如何在更短的时间内达到目的，什么样的方法可以提高自己的效能。

我自己一般会选择去泡温泉或到海里游泳，让自己放松一下。所以，在构思书的内容或者思考一些重大问题时，我经常会去海边的度假村。对一些人来说，也许晨跑是最好的放松方式；而对另一些人来说，也许晚上边喝酒边听音乐才是最好的放松方式。

解压的方式亦然。有些人需要去听演唱会或者在 KTV 里大声唱歌来解压，也有人通过吃甜食来满足自己，还有人通过疯狂购物来改善心情。高效的解压方式也是因人而异的。

所以，应该先搞清楚哪些方法对自己是最高效的，然后在陷入情绪低落或者焦虑时有意识地使用那些方法，改善自己的心情状态，让自己放松。这也是通过高效能的方式将"希望获得的成果"收入了囊中。

再者，确定"哪些特定因素对提高效能是有效的"就能找到高效能的方法。例如有些女性经常会采取购物的方法来解压。

这时最需要思考的是，对解压效能影响最大的因素究竟是"花钱的金额"，还是"买到东西的数量"，或者是"买到东西的种类"。

比起花 10 万日元（约合人民币 6025 元）买一件大衣，如果只花 3 万日元（约合人民币 1808 元）能买三条连衣裙，买更多东西更能有效地减压的话，那么我们就可以得知，解压的关键不是"花出去的金额"，而是"这也买，那也买，啊，这个也想买"的购物体验。

一次偶然的机会，我想到了这个问题，就做了"这样一来最高效的解压方式难道不是去很便宜的店里买很多东西吗"的假设。然后我就先去了百元店，接着又去优衣库试着爆买。

这样一来，我只花了很少的钱就成功地解压了。在百元店，我的购物篮里装满了东西，最后结账还不到 5000 日元（约合人民币 300 元）。虽然买来的东西大多都是我不怎么需要的东西，可因为很便宜，所以买了既不会觉得后悔，过后也可以轻松丢弃。5000 日元是用来解压的钱，买到的 50 样东西中只要有几个能用就足够了。

如果你属于"不买衣服就没办法解压"的类型，可以去优衣库或者 HM 爆买；如果你属于"买化妆品才能解压"的类型，可以去逛唐吉诃德（日本大型连锁折扣店）或者是药妆店。

有些人"只要喝酒就能解压"，那么他们只要先思考一下"在什么样的地方，喝什么样的酒，可以更高效能地解压"，也许就可以避免自己在很焦虑的时候突然跑到昂贵的商店去。

如此，只有一直追问"为了得到自己想要的东西，什么方法更高效"，才能不断提高自己的效能。这里的"想要的东西"指的不只是物理上的东西，也包括"安逸""改变心情""创新的想法"，还有"独特的创意"等。

不管想要获得什么，都有高效能的方式和低效能的方式。所以，在日常生活中，我们应该有意识地培养自己思考"为了实现这样的目标，更加高效的方法是什么"的习惯，这样一来我们就可以将有限的时间、金钱及精力最大限度地有效利用，更快地达成我们的目标。

做过的很多事情，将来都会互相关联

勇二：我很尊敬的乔布斯先生曾经说过，年轻的时候做过的很多事情，将来都会互相关联起来。

这个世上偶然的一些相遇，有时候也许会孕育出十分奇妙的结果。如果我们过于重视效能，是不是就会错失掉这些东西呢？

苹果公司的创始人乔布斯在大学课堂上接触了书法（该课程教授西洋、中东的文字美学），这为后来苹果电脑采用的边缘整齐的漂亮字体埋下了伏笔。后来有人用 connecting the dots（连接点与点）来解释这件事情。意思是，最开始看起来毫无关联的相互分散的点，将来很有可能相连成线甚至面。

这样的事例还有很多，而且我也觉得这种情况很重要。但是，这些事情真的就意味着"在意效能等问题毫无必要"吗？

假设现在有两个学生都还未确定将来的去向，都在一边上学一边思考着将来的发展方向。A 同学只去上自己觉得有必要的课，剩下的时间经常出去与人会面，并且买了很多书和电子书籍，利用空闲时间阅读，也积极地与打工的伙伴交流，还用赚来的钱去旅游。B 则去上所有的课，没有打工，非常认真地在学习。

那么，为了将来能够"connecting the dots"，取得很大成就，哪种方式更可取呢？不言而喻，我们都会觉得以 A 的方式进行的经验投资更容易取得成果。

这是因为 A 这种"多方尝试，探寻自己最想从事的工作"的做法在效能上要高于 B。因此他可以在很短的时间内积累很多的点，将来再将这些点连接起来构成线或面，因而取得成就的可能性才会更高。

如果是那些已经确定将来要从事研究工作的学生，B 的方式应该更合适。可是对于那些对未来依然感到迷茫的学生来说，B 的方式恐怕很难称得上高效能了。

有些人认为不把精力集中在某件事情上，没条理地同时做很多事情是低效能的，其实这是一种误解。效能与精力的集中程度并不能等同。所谓效能，衡量的指标应该是能够以多少的资源获取"自己想获得的东西"。

即便在别人看来是分散的、繁多的事情，对希望通过多接触各种各样的事情，来决定将来做什么的 A 来说，却是他真正需要的东西。所以，他的行为与提高效能也是绝不矛盾的。

提高效能的正确方法是什么

阳子：我上学的时候曾经在一家连锁餐饮店打工。有一次下雨，店长给我打电话说："雨天客人很少，所以你今天不用来了。"那个店长每天就喜欢将"效能"挂在嘴边，所以我对这个词没什么好印象。

正因为店长这类人的存在，才导致很多人认为"提高效能"根本就是坏事。这种结果真的很糟糕。

很多快餐店会根据当天营业的繁忙程度，突然取消原定的兼职人员的工作，或是突然延长兼职人员的工作时间。突然取消工作虽然会提高店铺的效能，却会减少兼职员工本来可以获得的收入；而突然的加班则会干扰兼职人员日程安排的自由，这些行为都是公司在榨取员工的价值。

还有类似的情况，例如随意录用 10 个新员工（省掉了招聘经费），完全不进行培训和教育就要求其开始工作，然后很快将跟不上节奏的人辞掉。这样持续下去（这样的做法在日本是违法的)，的确可以提高企业的效能，但这其实是在通过牺牲新员工的职业生涯来提高企业的效能。

这种"通过牺牲他人的利益提高自己效能"的做法并不正确。因为这种方式从长远来看是不可持续的。

提高效能的正确方法应该是，立刻开始活用现有的资源，扩大能取得的成果（价值）总量（见图6）。比如快餐店的管理人员，应该先分析天气、活动等信息的大数据，尽量精确地预测每天的客流量，合理地安排、配置兼职人员。这才是提高效能的正确途径。

而且，对于那些掌握工作技能较慢的新人，也不应该迅速解雇。正确的做法应该是去分析新人工作上手慢的原因，然后通过更有效的研修方案来使新人迅速提升职业技能。

如果我们经常遇到那种为了提高自己的效能，牺牲别人宝贵资源（时间、金钱）的公司，有很多人就会像阳子一样，一听到"效能"这个词，就加以提防。还会有人会断言："提高效能也只有经营者会获利，对工作的人来说一点好处都没有。"

这些人的脑海中被注入错误的效能概念之后，他们在今后的人生中，很可能不会再考虑提高自己效能的问题了。这样一来，这些人本来可能取得的成果也会缩减。

图6　效能的正确提升方法

通过上述内容消解了大家心里的担忧和误解以后，我们转入下一章，来解释一下提高效能的具体方法。

我们一定要理解"正确地提高效能"是我们丰富自己生活必需的。如果我们误解了效能这个概念，并对它抱以否定的态度，就难以有效地活用自己的时间和金钱，所能获得的东西也会减少。

 良夫：稍等一下！

作者：你是谁？

良夫：我是良夫。我还是没办法接受。像我这样的完全没有可取之处的普通工薪族，提高效能完全没有任何好处！

作者：我觉得那是不可能的。
好吧，总之我们先听一听你的故事。
请吧！

3

如何更加"聪明"
而不是更加
"努力"地工作

尝试改变自己的工作方式

在我们听"普通人"良夫的故事之前，先来看看一般公司的人是如何工作的。很多人的日常工作都是按照这样的流程运转的。

- 从早上开始就一直忙工作。
- 不知不觉中已经下午 5 点左右了。
- 明天要用的资料还只是个草稿。
- 所以只得从下午 5 点开始重新努力。
- 不知不觉中已经到了晚上 9 点。
- 资料修改得有点成形了，但是觉得再"加一点油"可以做得更好。
- 所以从晚上 9 点开始，自然而然地又开始努力。
- 一看手表已经过了深夜 12 点了。
- 惊讶着已经这么晚了，然后停止手头的工作回家。

看到很多常年持续这种工作状态的人，我不禁叹息："效能这个概念难道就只存在于工厂里吗？"而且这些人当中，大部分都不会在第二天回头思考："昨天我一直工作到半夜做的事情，如果想在下午5点之前做完，应该采取什么样的方法？"

所以同样的事情一直在重复，情况永远都没办法改善。这些人甚至有可能事后还会因长时间工作的自己，产生一种"我很努力"的成就感。恐怕他们连"所谓工作就是需要不断地回顾之前的做法，然后思考改善的方法，并在不断调整中逐步提高效能"这样的道理都不懂。

这种工作方式对身处激烈国际竞争的制造业来说是不可行的。只要在规定的时间之内没有完成工作，大家马上就会开始思考怎样才能提高产能。否则日本国内的工厂马上就会被关闭，业务会被转移到海外去。

可是白领阶层的部门根本不会在部门内部讨论：今天花了八个小时完成的工作，怎样才能在四个小时之内完成，也没有尝试新方法的习惯。

理由之一是这些部门迄今为止并没有暴露在竞争之中。财务部的工作再怎么低效，它对企业的活动来说都是不可或缺的。法务部、人事部、商务部也是如此。而且这些工作是不能外包出去的（至少迄今为止如此）。因此，他们没有必要提高自己的效能，增强自身竞争力。

　　但是未来会发生变化。一些打包承接管理部门业务的公司已经出现了。现在已经有很多专门承接招聘工作、IT 服务工作、财务处理和客服中心（电话中心）工作的公司。今后随着人工智能在各个领域的推广，还会出现更多企业以高效能的方式来承接一些专业工作。这样一来，在这些部门工作的人也会面临提高工作效能的严格要求。

拒绝加班

　　👦 良夫：话虽如此，但是在我们公司就算提高效能
　　　　　　也不给涨工资，所以没什么意义。效能越
　　　　　　高其实越吃亏！

　　就算是企业的制造部门，也不是效能越高工资就会越高。可还是有很多人会热衷于提高自己的效能。那么为什么单单白领部门工作的人会吵着"工资不涨所以不想提高效能"呢？

良夫：如果只有自己提高效能的话，那么就只有
自己的工作会不断增加，我不想这样！

这到底有什么问题？提高效能会增加工作的话，只要再提高效能不就行了？

良夫：这么做不划算啊！

良夫所说的"划算"究竟是什么意思？只要稍稍专注于自己的工作，即使是一个人，提高效能也是不错的。上司和单位组织不表扬自己也没有问题。现在是一个裁员和跳槽司空见惯的时代。只要能够提高效能，你在劳动市场就能获得较高评价，跳槽也易如反掌。如果是我，对于那些不能理解效能的愚蠢的上司，我会不予理睬，会不断地提高自己的效能。

良夫：效能提高，工作就会提早完成，那么加班费也会减少。做事做得慢更划得来。

真的是这样吗？我觉得在劳动市场获得好评比加班费重要得多。对良夫先生来说，难道是加班费更加重要吗？

良夫：对我来说我的家人是很重要的，所以即便
是为了家人，我也要说加班费对我来说是
很重要的！

是这样吗？难道不正是为了家人，你才应该努力成为劳动
市场（人才市场）有用的人才吗？你应该争取让自己成为即便
公司倒闭也能够撑起一家子的人吧！

时间碎片化，如何更高效地工作

我和良夫之间的观点究竟在哪里有分歧？

我们之间最大的分歧在于，良夫想在他目前所处的环境和
组织中找到最舒服的生存方式。他所考虑的公司评价制度、加
班费等，都是以现在所处的环境为前提的。与他相反，我建议
大家考虑的不是某个组织的评价制度，而是整个劳动市场的评
价标准，我所推荐的是面向未来最合适的工作方式。

我希望大家能够理解的是，如果一直优先思考"在现在的
公司里最舒服的工作方式"（像良夫一样），提高效能的确无益。
可如果我们从"提高劳动市场对我们的评价"出发安排工作的

话，提高效能对自身来说就是一个重要的课题。这是因为能在劳动市场获得高评价的正是那些高效的人。

以往我接触过很多"有才能的人"和"有所欠缺的人"。他们之间的区别并不在专业性、工资或工作的复杂程度上，他们之间最大的差别是在效能上。

换言之，有才能的人都是具有极高效能的人。有所欠缺的人往往都是那些会心安理得地浪费自己和周围人的时间，效能低下的人。

效能的差异会在工作之后的数年间逐渐显露出来，10 年过后就会形成决定性的差距。大家的周围应该也有"工作方式太过于拖沓"的人吧。这些人是不是从来就是这样拖沓的人呢？

40 岁以上的人应该都明白，那些人并不是一开始就那么拖沓，而是在公司里一直想着"周围的人都很拖沓，所以自己也没必要尽全力"，然后逐渐在几年之内成为定式，才变得拖沓的。

如果人只在自己所处的公司内部进行比较，觉得"周围的人都很拖沓，只有自己跑起来并没有什么意义"的话，那么也跟他们一样，离懈怠也不远了。这种做事风格拿到别的公司就完全不适用。

我并不是在劝说所有人都应该跳槽。我所提倡的是持续地提高自己的效能。长年在一个地方工作并不是问题，问题在于时间长了大家纷纷找寻到了自己最舒服的工作方式，推导出"不提高效能才对自己有利"的结论。

如果你到了 30 多岁，还一次都没有思考过"下一次为了达到同样的成果，想减少三成左右的工作时间，究竟应该怎么改变工作方式"，我们可以认为你处在非常糟糕的状态中。"从未思考过提高效能"是致命的问题。

人工智能时代将来临

世界整体的效能总是在不断提高的，在接下来的数十年内恐怕还会发生"效能革命"，从而导致世界发生大规模的变化。

这几年有很多国内外的研究机关都发布了"人工智能和机器人实际应用将导致逐渐消失的工作"榜单。这些预计将会消失的工作中，不仅有体力劳动和简单工种，也包括一些脑力劳动，甚至还有一些需要考取国家资质的工作。

正如在计算上，我们永远不可能胜过计算器一样。搜索庞大资料库中的专利和法律案例等必要信息，人也是不可能胜过人工智能化的搜索引擎的。财务和审计等需要分析电子数据推导结论的会计类工作，人类也难以胜过机器。

2016 年夏天，有一则十分令人意外的新闻报道。一个被诊断罹患了血癌的 60 岁左右的日本女士，入住东京大学医学研究所。在对她进行治疗的过程中，医生开出了两副抗癌药物的处方。可是病情恢复得十分缓慢，还出现了败血症等严重的副作用。

于是，医生将病人的基因信息输入了 IBM（国际商业机器公司）开发的、存有 2000 万与癌症相关医学论文的人工智能沃森中。沃森只用了 10 分钟就对该病人做出了诊断，确定其患有一种特殊的癌症——二次性白血病，提议更换抗癌药物。医生采用了新的抗癌药物，该病人在几个月之内病情好转，甚至有望出院。这可以说是日本首个人工智能拯救了患者生命的案例。

在医生这种高度脑力劳动的工作中，也会出现很多人工智能优于人类的情况。需要注意的是，沃森被录入了 2000 万份

图 7　机器将会夺走的职业、工作排行榜（以美国为例）

顺序	职业名称与工作内容	替代市场规模（亿日元）	顺序	职业名称与工作内容	替代市场规模（亿日元）
1	零售商店销售人员	115 474	26	窗口接待	26 450
2	会计	94 418	27	电脑维护、技术支持	26 366
3	普通行政人员	88 274	28	餐具清洗人员	25 599
4	销售人员	78 002	29	警卫、保安	25 379
5	普通秘书	73 103	30	邮递收发、操作处理人员	23 612
6	餐饮业服务员	71 780	31	保险、证券相关的负责人	23 361
7	商店收银员及售票员	70 542	32	权利商务代理	22 278
8	装箱及装卸工人	65 536	33	贷款审查负责人	22 200
9	账簿相关人员及金融记录整理人员	58 763	34	庭院、园艺工作人员	22 053
10	大型卡车、吊车驾驶员	53 838	35	地产鉴定师	21 078
11	电话客服接待人员	46 860	36	报关、发货人员	20 597
12	客车、出租车、小货车驾驶员	42 722	37	木工、家具制造人员	20 255
13	中央政府职员等高级公务员	38 422	38	房地产业、资产管理人	19 682
14	厨师助理	37 131	39	巴士司机	19 524
15	大楼管理人员	35 922	40	生产机械的维护、组装人员	19 481
16	建筑物等简单维护修理人员	34 302	41	行政管理服务业	19 235
17	手工组装工作人员	33 550	42	质检人员	18 430
18	干部、管理人员的秘书	33 398	43	法务相关人员	18 288
19	修理机械工具的机械工	33 297	44	土木机械操作人员	17 892
20	仓库管理人员	32 546	45	财务、投资顾问	17 890
21	广告、市场调查的专职人员	32 162	46	厨师	17 715
22	汽车维护、修理人员	31 715	47	升降机操作员	17 388
23	建筑工人	31 280	48	助教	17 364
24	保险代理	28 442	49	经销商	16 832
25	全职护工	26 710	50	会计、行政人员	16 757

* 根据 2015 年 8 月 22 日出版的《周刊 Diamond》制作而成。按照 1 美元
=100 日元换算。
排行榜制作方法：照英国牛津大学副教授 Osborne（奥斯本）等的论文 *THE
FUTURE OF EMPLOYMENT:HOW SUSCEPITBLE ARE JOBS TO COMPUTERISATION?*（《就
业前景：论电脑化对工作的影响》）与美国劳工部的职业编号，从就业人口
和平均年收入两方面加以考虑，通过计算机算出了机器会取代的市场规模。

关于癌症的医学论文。

如果说人类医生阅读一篇论文需要一个小时的话（事实上可能需要更长的时间，这里我们姑且算作一个小时），每天花10个小时阅读论文，一年365天可以读完3650篇。按照这个速度读完2000万篇论文需要5400年以上。也就是说人类是不可能阅读这么大量的论文的。

在这种事例上讨论人类医生与人工智能谁更聪明是没有意义的。重点在于"在阅读大量专业文献的工作上，人类的效能与人工智能是没有可比性的"。

这件事情启示了我们，接下来会消失与不会消失的工作之间的区别在哪里。会消失的工作大部分都会被人工智能和机器人代替，但这并不代表它们都是一些"很容易自动化"的工作。

将会被淘汰的工作，其实是那些人工智能和机器人（以下简称"机器"）与人类承担，在结果上存在极大效能差距的工作。现在由人类负责，但是，只要交给机器就可以迅速大幅度提高效能，这样的工作会顺利地被机器取代，结果就是整个社会向高效的方式转换。

我们可以试着对比一下人类驾驶运输卡车和自动驾驶卡车的情形。自动驾驶是不需要休息和睡眠时间的。相较而言，人类每几个小时就需要休息，每天都需要睡眠时间，其效能与自动驾驶是不可同日而语的。

这就是"只要花时间就能完成的工作"被淘汰的典型例子。如果需要拼时间的话，人类会疲劳还需要睡眠，而机器是可以24 小时运作的。阅读医学论文的工作、驾驶工作，还有其他所有"只要加班就能完成"的工作都不会再作为人类的工作而存在了。

"记忆大量的知识"或者"阅读大量的资料"都属于拼时间的工作。学习 10 个小时一定能胜过学习一个小时的领域都将不再是人类应该奋斗的工作。

从繁忙的生活中解放出来

那么什么样的工作才是不容易被淘汰的呢？当然是那些交给机器来做，效能也不会发生任何变化的工作。人工智能和机器人的研发是需要成本的。将人类工作交给机器后效能只会稍许提高的工作，更替是不会有进展的。

我们可以想象一下餐厅主厨的工作。他们需要采购当季的新鲜蔬菜和鱼，再根据季节的不同思考独创的菜单，决定菜品的名称和价格，然后写到菜单上。食客点单之后制作菜品，有时候主厨还需要就菜品的事宜与顾客聊天。这样的工作即便使用机器也不会使效能得到很大的提高。

还有到私宅打扫和提供收纳建议的工作也是一样，交给机器做效能也不会得到很大的提高。但是，教小孩子加减乘除的工作，交给机器效能会压倒性地提高。

最近，有很多年轻的日本女性都用智能手机买衣服。这种趋势就表明了一个残酷的现实，那就是"实体店的工作人员所能提供的价值不高"。

对买衣服的顾客来说最需要的是"衣服合适就告诉自己合适，衣服不合适就告诉自己不合适"的服务。但是，没有店员会给出否定意见。他们的工作就是对所有的顾客都夸赞："很合身！"

正因为他们是这样工作的，所以"出门去实体店买衣服"这个行为本身既有优点也有缺点。这与人们在线上购买时可以看到之前买家的反馈意见相比，效能实在是太低了。

如果实体店的店员能够提供线上购物无法得到的意见，顾客就不会都流向线上。正因为实体店能够提供的优势就只有可以试穿和可以看到衣料的实际品质，所以才会输给能够退货的线上销售。

另一方面，同样都是推销服装的工作，时尚买手是以私人的方式跟随客人到店里，就客人选中的衣服，提供给客人衣服的缝纫方法和材质特征等信息。这又与一些时尚 APP 上以反馈意见来告诉你"很适合这件衣服"的方式之间效能完全不同。

前者比后者会多花更多的时间和金钱，但是并不意味着时尚 APP 的效能高得多。这是因为，与时尚买手一起去买东西，在琳琅满目的商品面前可以得到具体的建议，这比手中 APP 上的评论功能得到的建议质量要高得多，也丰富得多。

这种提供时尚建议的工作，也会根据其效能的高低来决定其是否会消亡或留存。

有时候大家会觉得创造性的工作不会消失，这也是一种误解。人工智能已经进入了作曲的领域，让人工智能承担绘图、写小说的实验也在进行。虽然人工智能还不能达到很高的水平，一些电视剧的脚本和海报的设计，早晚都会达到"很不错的水平"。而且机器的创作速度会比人快得多。

相反，在音乐现场配合听众的情绪来调整乐曲的顺序，在座谈会上进行即兴演奏的音乐人的工作，是很难让人工智能和机器人以高效能的方式替代的。

在谷歌研究人工智能的员工中，已有一部分人推断数十年以后的某一天，人工智能的能力会全方位地超越人类，也就是被称作"技术奇点"的时间节点将会到来。那时的世界将会变成由人工智能主导，超越人类想象力的世界。

我无法推断这是否真的会在数十年之内成为现实（谁都不能断言）。如果真的实现了，所有的工作都有可能被淘汰，人类本身存在的意义也需要重新思考了。

但是，在那之前的阶段，将会消失的工作并不是体力劳动、容易自动化的工作，以及一些定式化的工作，而是那些交给机器会切实地、压倒性地提高效能的工作。

请参看图8，接下来我们需要迎接的未来可以分为三个阶段：1. 技术奇点之后的未知世界；2. 那之前的超高效能社会；3. 向高效能社会逐渐转型的时代。我们现在就处在这张图最下面的部分。

高效能的人会（图8的左侧）利用接下来出现的各种各样的提高效能的技术和服务，从忙碌的生活中脱身。社会的效能提高到一定程度之后，每周休息三天甚至四天都是有可能的。相对

图8　高效能的人与低效能的人的未来

的，持续以低效能方式工作的人（图8的右侧）依然会被工作拖累，而且很有可能在某个时间因机器替代而失业。

所以，大家一定要尽可能地提高效能。现在可不是推脱"提高效能没什么好处""这跟我没关系"的时候了。

对个人（如果是经营者的话）和公司来说，最好的保障不是"维持迄今为止的方法"，而是持续不断地提高生产效能。

良夫：……

作者：你怎么了？

良夫：我很想提高自己的效能。到底该怎么做？

作者：你终于同意我的说法了！

那么在下一章，我们就来讲讲提高效能的具体方法吧！

4

时间很贵，
谁都不应浪费

在引言中我们了解了正树、惠子、阳子和勇二这四位人物忙碌的生活。这种过于忙碌的状态，就是一种对于想要做的事情和应该做的事情，可用的时间不充足的状态。或者说在有限的时间内，他们想做的事情和应该做的事情过多的状态。

这个时候不充裕的时间就是稀缺资源。正确地理解这个稀缺资源的概念，对如何使用它保持敏感，不随意地浪费资源，才是让自己从忙碌的生活中抽身，提高生活效能的第一步。

从经济大局来看，能源或粮食可能是稀缺资源，但是对个人来说，稀缺资源主要应该是时间、金钱。很多人都会有"时间不够用""钱不够花"的感受吧。

当然，还有很多其他的资源也是稀缺的。另外，对于同一个人来说，随着年龄和状况的变化，稀缺资源的重要性也会发生变化。因此，知道"对现在的自己来说，最重要的稀缺资源是什么"是很有必要的。

将时间和金钱可视化

　　大部分人都会觉得稀缺（总是觉得不够用）的就是时间和金钱了。这两项都是非常重要且宝贵的资源，但这二者之间是存在巨大差别的。那就是"金钱是可见的，时间却看不见摸不着"。

　　看不见的时间比起看得见的金钱，更容易被人忽视。那是因为有限度的东西，往往容易让人觉得它比其他东西更宝贵。这就如同两家卖同样蛋糕的店铺一样，每天开店后产品在三个小时内就销售一空的店铺，与开店后一直到傍晚还没卖完的店铺相比，大家恐怕也会觉得前者卖的蛋糕更好吃。

　　无论是纸币，还是银行账号里的余额，金钱都是以数字的形式呈现在我们面前的。每个月 20 万日元（约合人民币12077 元）的工资，5 万（约合人民币 3019 元）用作房租，1万（约合人民币 603 元）用作水电费……到下一次发工资为止，钱逐渐减少的样子，每个人都能直观地感受到。因此，我们很自然地认为金钱是有限度的。

　　但是，让自己觉得时间有限度却需要下一番功夫。假如半年前自己刚好 20 岁，虽然现在已经 20 岁零 6 个月了，大部分的人也不会感到"半年时间已经过去了"。对于看不见的东西我们往往很难意识到"已经减少了多少"。

经常会有人感叹"已经到年末了吗""好像刚出生不久的侄子，不知不觉中已经上中学了"。这都反映了我们对时间的消逝比较迟钝。

事实上，时间和金钱一样都是有限的。无论对谁来说，从20岁到29岁的时光也不过是120个月，3653天（包括四年次的闰年多出来的三天）而已。对已经25岁的人来说，到30岁所剩下的时间还有60个月，1827天左右。

图9横向分了12个格，纵向分了10个格。一个格子代表一个月，横向的一行代表一年，纵向的一列代表10年。总共有120格。20~30岁的阶段和30~40岁的阶段、40~50岁的阶段都各只有120个月。

已经20多岁的人，可以将这120格中过去的部分涂掉。这样一来就可以在视觉上确认自己的20~30岁的阶段还剩多少时间。30多岁、40多岁的人也是一样。这样将时间可视化，就可以让人觉察到时间与金钱一样是非常宝贵的资源。

稀缺资源容不容易被看到与资源增加时的喜悦程度也是相关的。存款增加了，人总是很高兴的，很多人会觉得账户余额越多越安心。这种喜悦感和安心感是账户余额的数字增加带来的，也就是说这是因为增加的资源是可以用眼睛看到的。

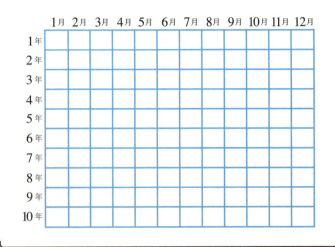

图 9　你到 × 岁还剩余多少月

相反，想让增加的时间能够被看到，更需要花一番功夫。例如，搬家到公司附近住，单程通勤的一个小时如果可以缩短到 30 分钟，一个月就多了 30 分钟 ×2（往返）×5（工作天数）×4（周）=20 小时可以自由支配了。

如果每个月可以增加 20 个小时的自由时间，就可以用来看自己喜欢的书和电影，也可以埋头于游戏，或者是去逛美术馆，跟家人出去玩，也可以用来一下子把所有家务活做完。

所以，事实上，尝试缩短通勤时间的人都会觉察到"感觉轻松多了""这样一来就可以保证陪孩子的时间了"，从而感受到这个行为的意义。但在实施之前，大家都很难把这一部分的时间认定为"增加了的时间"。

反倒是很多人会觉得搬到公司附近住，增加的房租导致存款数字的减少，在视觉上更直观，会误以为"金钱比时间更重要"。

事实上，对于夫妻双方都工作而且有孩子的家庭来说，很多人是一直被时间赶着走的，可是他们却还是想着"没有钱所以不能使用家政服务"。还有人会忙到连睡眠时间都不能保证，却还要坚持每天花一个多小时在通勤上。这些人都把能看到的金钱资源，置于不可视的时间资源和自己的健康之上。

那么，有人用"对现在的自己来说最重要的就是金钱"来给自己这种行为做正当化解释，这是不是真的正确呢？这是错误的，这是通过牺牲自己最重要的资源来保障自己第二重要的资源，是一直在浪费着对自己来说最重要的资源。

人生之中当然会有"金钱比时间更重要"的时候。如果是需要钱给家人治病，谁都会不眠不休地工作，多赚一些钱。不说这种极端的情况，我上学的时候也曾买过需要多次换乘，非常花时间的便宜机票去欧洲旅游过。

对当时还是学生的我来说，时间是很充裕的，而手头能用的经费预算却很有限。但是现在即便要花手续费或是服务费我也想节省时间。对于学生时代的我，与现在有能力赚钱却不能逆转人生的我来说，时间与金钱的稀缺性完全调换了位置。

一生中一直可以说"金钱没那么重要"的人，仅限于资产雄厚的一部分人。不过，反过来一辈子都在断言"最重要的就是金钱"的人也同样很少。

在不同的阶段，每个人对自己生活中最重要的、最宝贵的东西的认知都是不同的。如果不能充分意识到这些变化，就会在不知不觉中失去很多很重要的东西。

如何利用时间和金钱，让人生更有价值

时间和金钱对个人来说都是最宝贵的资源。所以我们都应该尽量珍惜。

另外，为了珍惜时间，我们应该注意的一点是，不能轻易地将自己的时间出售。为了加班费出卖自己时间的坏处是，会让人陷入一种惯性思维中，即"为了获得金钱不在意减少人生时间"。

如果我们以这样的方式思考，就会不断将自己的时间交换成金钱，从而使其不断贬值。这与廉价地出售自己的人生是一个道理。

相反，认为时间的价值很高的人，绝不会贱卖自己的时间，他们会思考如何才能让自己的时间获得更高的价格。这种想法源于"以什么样的附加值，才能让自己宝贵的时间更加值钱"的思维方式，所以他们会寻求不断提高自己时薪（效能）的方法。

另外，就金钱来说，很多人会烦恼于钱怎么样都会变少，所以总在想办法节省。我倒是觉得想想怎样尽量有效地使用金钱更为有益。

图 10　贱卖时间的人，珍视时间的人

良夫	作者
金钱当然比时间更重要！	时间非常珍贵，所以不能便宜出售！
加班能增加收入，当然要加班！	怎样才能让我的时间更值钱呢？在人才市场时薪比较高的人都是哪些人呢？
有点累，这种生活究竟要持续到什么时候……	提高自己的技能，收入 UP！！
赚钱的效能 完全不会提高	赚钱的效能 不断提高

给家庭支出记账的目的在于储蓄和节约，抑制乱消费。不过我们也可以在这个阶段转换一下想法，从"上个月（或者这半年）我们更有效的支出是什么"的角度出发，重新审视自己的消费方式。不去看哪一部分钱被浪费掉了，而是列出更有效的支出（效能更高的金钱使用方法）。

刚才我也思考了一下，我觉得今年我最有效的支出（获得高价值回报的）是去老挝旅行的时候，雇用了一个老挝人做向导花的钱。

正因为有了他的解说，我才会对之前一无所知的老挝从政治到经济层面有了深层次的了解。作为社会派的我感到非常快乐，整个旅行我学到了很多东西。

当时付给他的导游费是一星期几万日元（不是他本人收到的金额，是我付的金额）。因为我获得了与这个金额价值相当的信息，所以，这成了我这半年来所花费效能最高的金钱。

（关于老挝旅行期间我学到的东西，我都详细写在了博客里。欢迎阅读。）

大家也可以用图 11 来回顾一下自己"这半年来花的钱哪些是最高效能的"。有些人愿意花 1000 日元买一本书，而有些人愿意将钱花在跟家人的旅行上，当然也有人会认为"跟朋友出去唱歌花的钱最值，因为让我一下子减轻了压力"。

从效能的角度出发，关于金钱的最大问题并不是浪费，而是不能找到"最有效的金钱使用的三个途径"。对于这么宝贵的资源，如果我们不能搞清楚如何使用才能更高效，就不可能提高金钱的使用效能。

金融类的杂志上，经常会建议我们从20岁左右就开始为老年阶段存钱。但是，我认为在20多岁工资很少的阶段存养老的钱，根本不是有效的金钱使用方法。如果每个月存1万日元（约合人民币603元）的话，一年就是12万日元（约合人民币7246元）。这些钱可以在亚洲国家进行一周左右的旅行，也可以去菲律宾短期学习英语。要是我们把钱花在这些事情上，就不会烦恼在图11的表格里要填什么。喜欢存钱的人需要好好思考一下，对现在的自己来说存钱真的是最有效的金钱使用方法吗？

图 11　价值最大的支出一览

在最近半年内，对你来说效能最高的一笔支出是用来做了什么？
回顾过去的半年，填到下属表格里。

	使用途径	金额	价值
第 1		日元	
第 2		日元	
第 3		日元	
合计		日元	

填写示例：作者的情况

	使用途径	金额	价值
第 1	老挝的个人导游	3 万日元	得以了解很多从日语旅行指南上绝不可能知道的老挝的现状和生活。
第 2	电视全自动录像机	15 万日元	用了十年后的更新换代。可以根据需要观看高质量的节目。
第 3	瑜伽教室的会员费	1 万日元/月×6 个月	对于需要长时间对着电脑写长篇文章的我来说，运动是必不可少的，定期舒展一下身体十分舒服。
合计		24 万日元	

填写示例：某 20 多岁的男性

	使用途径	金额	价值
第 1	一个人唱卡拉 OK	2800 日元	消除了压力，制止了突发的辞职念头。
第 2	联谊 +聚餐	12000 日元	交到了女朋友，无价！！
第 3	父亲节礼物	3000 日元	虽然买的东西很便宜，但是爸爸非常高兴。这是我第一次给爸爸买礼物。
合计		17800 日元	

正如刚才计算的一样，一个月如果增加 1 万日元的房租预算，将通勤时间缩短 30 分钟的话，每个月就可以获得 20 个小时的自由时间。这就相当于每个月用 1 万日元买到了 20 个小时。如果把"20 个小时"放到亚马逊上卖 1 万日元的话，你肯定也很想买吧。

房租增加 1 万日元，通勤时间能缩短 30 分钟，与每个月在亚马逊上购买 20 个小时，实际上是一样的。如果真有人愿意花 1 万日元买 20 个小时的话，他们肯定会将这一项作为"最有价值的支出"填写到图 11 中去。那么想要花 2 万日元购买 40 个小时的话，就只用想怎样能多花 2 万日元的房租，将通勤时间缩短一个小时就可以了。

当然有时候我们需要为了买房子、留学或者是孩子的教育费用等将来的生活而存款。这种情况应该想的不是"无论如何一定要节约"，而应该想的是"只在有超高价值的地方支出"。

只要有"有价值的花钱方式"的意识，我们就会明白把钱花在什么地方，可以生活得最开心，最能获得幸福感。然后就会很自然地在这些事情上花钱，同时也会减少浪费。这样既可以存款，生活也会更快乐。

有效地使用金钱并不意味着要增加存款，其实是要尽量将钱花在可以给自己带来更大价值的事情上。

家里到处堆满不用的东西，却一直抱怨"因为没钱，所以不能做喜欢的事情的人"，简直是滑稽。就是因为家里堆满了没必要的东西，所以才不能拿出钱去做喜欢的事情，这就是本末倒置。

不要忘记，重点并不在于减少浪费，而是增加有价值的支出，也就是提高花钱的效能。

To Do List（待办事项清单）：时间管理的利器

最后，我在这里还想提一下除时间和金钱以外的稀缺资源。其实最近对我来说，最稀缺的资源就是"让大脑充分活动起来的时间"。

可能你会问："这不也是时间吗？"的确，这也属于时间（一天 24 个小时）的一部分。所以，确切地说，应该是"集中的注意力"或者"思考的能力"。

每个人每天都有 24 个小时，但是对现在的我来说，其中注意力能够集中、大脑能够活跃起来的四个小时，比起其他时间来说绝对是更加宝贵的。

在我 20 多岁的时候，每天能花七个小时在思考上（我记得是这样的），而现在每天最多只能有四个小时。超过四个小时，我就没办法集中注意力了，因而也就没办法达到思考的效果。

必须要动脑才能完成的工作有：写作需要的思考和信息梳理，将各种各样的信息整合，然后推出结论的工作，还有给一些有多重需求的复杂项目，制定方针或时间表的工作等。

因为我现在每天只有四个小时可以用来动脑筋，所以，如果工作不断增加的话，就需要我认真地思考如何使用这宝贵的可以动脑的四个小时。因为除了这段时间外，剩下的时间就只能花在打扫房间、做饭、上网打游戏等不需要动脑的事情。

因此，我的 To Do List（待办事项清单）就被分成了两个部分：

- 只能在动脑的时间段内做的 To Do List
- 不需要动脑的时间段内也可以做的 To Do List

具体来说是这样的：

- 动脑时间段内的 To Do List

  1. 整理采访的记录，拟定报道的大纲

  2. 思考演讲的内容（决定信息的结构）

  3. 设计下一次的活动

  4. 思考解决私人问题的方法

  5. 练习象棋（这个也需要动脑）

- 不需要动脑时间段的 To Do List

  1. 打扫浴室

  2. 把跟坏了的鞋拿去修理

  3. 检查冰箱，把不要的东西扔掉（状况已经很糟糕了）

  4. 在 Facebook（脸谱网）上点赞

  5. 处理报账所需的小票

能够动脑的时间会随着年龄的增长逐渐减少，所以将来很可能每天只有一个小时可以用来动脑，那就要对这个时间段更加珍视。这样一来就需要更谨慎地选择工作，要比现在更认真地去思考该如何使用那宝贵的一个小时，思考"自己真正想做的事情究竟是什么"。

除了"动脑时间"外，人的干劲和精力等也是有限的。应该注意，不要把有限的精力用在无关紧要的地方。我属于从小就干劲和耐心都不够的人，所以对于应该将干劲用在什么事情上，我一直都很慎重。

很多人在年纪大了以后，健康状况开始恶化。有些人走路一个小时，或者是坐一个小时，就会腰痛或膝盖疼。如果是这样，那么这一个小时应该用来做什么就需要一些战略性思考。再比如有人长时间阅读，眼睛会疲劳，那么这一个小时应该阅读什么就需要做严格的筛选了。

对于那些因为工作，而只有很少的时间能陪孩子的人来说，这些时间绝对是稀缺资源。那么如果不认真思考一下这些时间应该如何跟孩子度过，就会导致"在该休息的时间里一直抱怨"的恶果。

想要提高生活的效能，我们必须确切地了解对现在的自己来说，什么是稀缺资源。另外，一定要保持敏感度，不要浪费这些稀缺资源。

惠子：我以前觉得，为了孩子的将来，攒钱是现在最重要的事。但是仔细想一想，现在最重要的事或许是我的健康。如果我太辛苦，把身体累垮了，不仅会给公司添麻烦，还会给孩子增加负担。这样一想，我们家的稀缺资源或许是"妈妈的健康"。

作者：就是这样的！

5

真正优秀的人
都是能掌控自己
时间的人

跟稀缺资源一样需要被正确理解的还有"自己真正想要什么"。也许有人会说，这点事情谁都知道，但其实有很多人并不知道。

例如有一些小孩很不愿意学习，可有一些小孩却很热衷于学习。那么那些热衷于学习的孩子，是为了什么而学习的呢？是为了知识，还是为了满足求知的好奇心？可能都有吧。

还有一些孩子的学习动机完全不同。比如说"希望得到妈妈的夸奖""想在自己喜欢的女孩子面前，表现得很聪明""成绩好的话，朋友会把自己摆到第一位"等理由。即便是这么简单的一件事，人们内心真正的需求也是很不相同的。

目的不同，提高效能的方式也不同

我很喜欢旅行，会根据所去的地方和目的，以不同的方式来安排我的旅程。我既会参加跟团游，也会与国外的旅行公司直接联系，请他们安排租专车和导游。有时候我会自己在网上订机票和酒店，有时候也会到了当地再找一些便宜的民宿，以背包客的形式旅行。

不过，世界上有些人不管去哪里旅行，都会采取背包客的方式。不管资金是不是充足，都会坚持做背包客。他们之中有些人认为跟团旅游无法了解到当地的任何事情。

但是这种想法真的对吗？学生时代还是个背包客的我，去意大利和法国旅游的时候，每天吃的都是三明治和比萨。当时纯粹是因为没钱，可仔细想想到了一个以饮食文化著称的国家，却连一个像样的餐厅都没去过，这肯定算不上是深入了解了这个国家吧。

事实上一直坚持以背包客的方式旅行的人和我，想要通过旅行获得的东西是不一样的。我想要得到的是在异国新鲜的体验和珍贵的见闻，而他们想要证明能凭自己的能力去任何一个国家旅行。当然他们对异国文化也是抱有兴趣的，只不过这不是最重要的目的。

所以，即便需要花很多时间在搜索旅馆和去目的地的交通方式等上面；或是需要多花一些钱（跟过去不同，现在有很多跟团游比背包客旅行还要便宜），他们也要坚持背包旅行。

可对我而言，在学生时代，相对时间而言更缺钱的我，当然会选择背包客的旅行方式。在日本企业里工作，假期只有一个星期的时候我会选择跟团旅行。然后到了收入高、休假时间长的外资企业工作时，我就会找当地的旅行公司安排租专车和导游。不去一般的观光地，只去自己想去的地方转。因为这些方式对当时的我来说，都是最高效的旅行方式。

但是这种方式对于背包客来说，绝不是什么高效能的旅行方式。因为这种方式不能让他们获得自己真正想要的东西，不能证明凭自己的能力能去任何一个国家旅行。

这个例子告诉我们，对于目的不同的人，高效能的方式也不同。所以，单纯地模仿别人的高效能方法是没有意义的。因为别人追求的东西与你想要得到的东西，即便看起来很像，事实上也有可能完全不一样。

而且当你去问那些背包客，为什么要以这种方式旅行时，得到的答案多是"因为这样可以更好地了解当地的文化""因为自由度比较高，也比较有趣"等。

正如我前面所说，到了美食的国度却不去餐厅吃饭，就谈不上了解当地的文化，到了当地以后再花时间找酒店也谈不上时间更自由。在机场租好自己用的专车会更节省时间，专门雇一个当地的导游会让我们更了解当地的文化。

背包客真正追求的就像我前面提到的一样，是"证明凭自己的能力可以去任何一个国家旅行""无论在国外发生什么意外都能靠自己的力量来克服"，或者"将背包旅行当作是训练自己这种能力的机会"。可是极少有背包客能够明白，自己真正追求的是这些，并且能够明确讲清楚。

别说正确地了解自己真正想要的东西，就连搞清楚自己的兴趣爱好、最喜欢的事情，都不是那么简单的。

搞清楚自己最想获得的价值

现在我们给大脑做一个体操。我们来思考一下经营咖啡馆或者餐馆的人"想要获得的价值"会有哪些。这些人想要获得的不仅仅是超高的营业额和利润，还希望店铺会获得很高的人气和好评，希望别人评价这里的主厨能做出世界最高水平的美食，等等。

如果真正想要的是高营业额的话，那么让一组客人消费100万日元（约合人民币60360元）的订单，或者汇集那部分消费高的少数客人才是高效能的方法。但这样一来，就不可能获得"人气超高的店铺"的评价。

如果要将自己的店铺打造为"超人气店铺"（一直会有很多客人聚集的店铺），需要努力提高的就不是销售额，而是目标客人数量。如果一天有 500 个客人，每个人消费 1000 日元，则销售额为 50 万日元。这个销售额可能连单个客人消费 100 万日元的店铺的一半都比不上，但是却能够达到"什么时候去都有人在排队的人气店铺"的目标。

所以，同样是餐饮业，大家对"希望达成什么样的目标""想要获得什么样的价值"这类问题的答案也不尽相同。而且聚集可以花数万日元的客人的方法，和招来 500 个客人每人消费 1000 日元的方法也是完全不同的。

在决定开一家餐馆或者咖啡馆之前，会有很多人声称自己可以完成"无论如何都要获得成功""经营一个被大家喜爱的店铺""三个月之内开始盈利"等目标。他们想要的是，将自己最需要的价值具体到言语上，不然就会搞不清楚自己奋斗的目标，从而浪费掉金钱和时间这些稀缺资源。

近年来很多人选择从学生时代开始创业，他们当中有很多人都没有搞清楚自己最想获得的价值是什么。这是因为这个时代创业环境逐渐变好，不需要搞清楚自己真正想要的是什么，也可以贸然开始创业。

需要特别注意的是，现在希望获得巨大的商业成功的人和希望可以不受拘束地自由工作的人是被混为一谈的。

后者往往想的是"去大企业里工作会很不开心，不如跟合得来的朋友一起做可以维持生计的工作"。这些人并没有把商业上的巨大成功当作奋斗的目标，充其量就是希望能以自己认同的方式生活、工作。

不管是抱着哪一个目标，本身都没有问题，但要是不知道自己奋斗的方向是什么，就有问题了。如果嘴上说着"希望可以获得商业上的成功"，却一直以维持舒适的工作状态为优先的话，在商业上是不可能成功的。

相反，如果本来是为了能开心地工作开始创业的人，不知不觉中就陷入了"为了追求成功要忍受痛苦，持续努力"的状态（将人生稀缺资源时间投入到追求自己并不想要的东西中)，也是很不幸的。

简而言之，如果不能正确理解自己的真正追求，别说提高效能了，甚至免不了会浪费掉自己的稀缺资源。

懂得自己真正想要什么，是一个人最大的能力

有些时候，人们一开始是清楚自己真正想要什么的，但是在中途又渐渐不清楚了。特别是在大量地投入了稀缺资源（时间和金钱）之后，风险也增加了。

例如有些人持续 10 年治疗不孕不育，他们内心深处已经很清楚怀孕的概率很低，但还是继续治疗。不管概率有多低，都还是会抱有只需要再坚持一年、再坚持一次就能成功的执念。

一旦陷入这种固执的状态中，就应该重新问一问自己"真正想要的是什么"了。

"希望有一个继承自己血统的孩子""希望能够构筑一个有孩子的幸福家庭"和"希望人生幸福"是三个截然不同的目标。

如果是第二个目标，"希望能够构筑一个有孩子的幸福家庭"，可以考虑收养。如果是第三个目标，可以追求"没有孩子的幸福人生"。

然而，在治疗不孕不育症的过程中，需要投入大量的时间和金钱（还有生育的希望）等人生的稀缺资源，这会让本来想着"幸福地度过人生"和"有小孩的话应该会很幸福吧"的人，在不知不觉中陷入"没有孩子的人生是不幸的"思维中。

请看图 12。当中虽然有一部分人会认为"没有自己的亲生

孩子，人生是绝不会幸福的"，但是大部分的人都不这么认为。如果过于执着于"有自己的孩子"，世界就被限制在了左上侧的"有孩子的幸福家庭"和右下侧的"不孕不育症治疗失败的不幸家庭"这两个状况中，看不到世界的其他可能。

所谓高效能的生活，就是"最大限度地活用时间和金钱等人生稀缺资源，追求自己真正想要的东西的生活"。

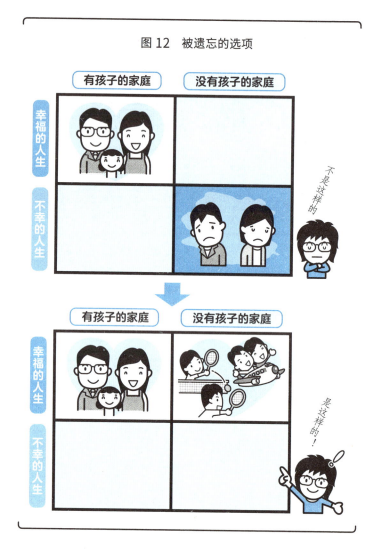

图 12 被遗忘的选项

接下来是应该继续用自己大部分的稀缺资源，去追求"有孩子的幸福生活"；还是更改方向，将稀缺资源投入到追求"没有孩子但人生也幸福"上去，这取决于哪一个能够更有效、更灵活地利用接下来的时间和金钱。如果从这样的角度出发思考这个问题，很多人就会得出不一样的结论。

事实上无论什么时候，我们都拥有时间和金钱这两种人生稀缺资源。而我们应该将这些资源用到哪里，不管在哪个阶段，都需要特别注意自己的自主能力。以前我们将宝贵的资源用在了一些事情上，但并不代表以后也要继续用在这些事情上。

这与资格考试前的备考复习是一样的。为了考取一个很难的资质是需要投入很多时间和金钱的。有的人最开始想的是"我要取得某某资格，以后要为社会多做贡献"，最后却逐渐陷入到"我要是不能考取某某资格，我的人生就完了"的心态中。

为社会做贡献的方法有很多，没有特定的资格也完全没有问题。这种"将稀缺资源过度投资在某件事情上，使自己逐渐偏离了本来想要追求的事情"的现象背后，其实存在着一些结构性的理由。

人总是会为自己一直在做的事情寻求合理性。只要认定自己过去投入了大量金钱和时间做的事情是绝对有必要的，并可以使自己获得超高价值的东西，就轻易地给自己过往的投资赋予了合理性。

如果某人为了考取某个资格，过去几年一直在努力学习。而他一旦意识到即使取得了这个资格也不会过上幸福的生活，就不得不开始怀疑"到目前为止的学习究竟有什么意义"。

所以，正是因为很多人会对自己过往的投资进行合理化考量，才会使自己逐步与真正的目标偏离。

我并不是不能理解人们为什么会有这样的心情，我只是觉得我们应该重视的是自己现在拥有的稀缺资源的效能，而不是过去已经使用了的稀缺资源的正确性。如果我们一直拘泥于过去的投入，就会浪费我们现在所拥有的资源。

我们应该珍视的不是过去，而是未来。如何使用此刻拥有的稀缺资源，才能提高我们的效能，获得自己想要的东西。只有从这个角度思考问题，才能够活得不被过去束缚。

比起想做的事，人更应该去做能做到的事

本来，搞清楚自己想要的、想要拥有的东西并不难，可是我们还是会经常搞错。

这是因为成年人总是会把"自己真正想要的东西"和"如果拥有的话，社会会给自己很高评价的东西"搞混。然后就会开始计算"去追求这个会比较划算，就能够获得更好的人生"。

刚出生的婴儿是非常清楚自己想要什么的。婴儿哭了，妈妈会哄哄或是给他们喂奶。如果还哄不好，就换一换尿布。妈妈会寻找一切方式去让婴儿不哭。

婴儿呢，只要自己的问题没有得到妥善的解决，就不会停止哭泣。婴儿需要大人哄的时候，即便把奶瓶递到嘴边他也会推开；婴儿需要换尿布的时候，抱着哄也不会哄好。所以婴儿正是因为不能用语言来表达自己的想法，所以非常明白自己想要的是什么。

但是，随着年龄的增长，人会越来越搞不清楚自己想要什么。也可以说，这是人类从只知道自己想要什么的动物性孩子世界，进入到社会性大人世界带来的变化。但是如果这种变化会使人搞不清楚自己想要什么的话，就不能称之为"成长"。

"只要做就能做到，所以不去做很可惜"的想法背后，其实是"比起想做的事，人更应该去做能做到的事"这种价值观。如果一直听任这些声音，就会从"想要做的事情"上被拉扯到"应该做的事情"上去。

很多因为想过安定的生活而进入大公司的人，逐渐会开始思考："虽然我真的很希望生活安定，但是我就这么数十年如一日地做着没什么意思的工作，这真是我想要的人生吗？"

那么，对这些人来说，"安定"真的是他们自己最想要的东西吗？如果可以持续保持这样的思考，就可以避免一直将稀缺资源投资在并不怎么想做的事情上。

所谓宽裕的生活，应该是能最大限度地有效使用自己的稀缺资源，然后尽可能获取自己想要的东西的高效能的生活。但是，如果在"想要的东西"这个最重要的问题上发生了偏差，投入多少稀缺资源也不会获得自己想要的东西。

我们经常会把"周围的人都在做的事情"或者"社会认为我们理所应当做的事情"误认为是自己想要的。事实上如果把目标搞错了，我们将会浪费掉人生中的时间和金钱。

为了夺回自己的时间，首先自己要理解本章中谈到的"自己想要的东西"和"对现在的自己来说，最稀缺的资源"两个概念。

惠子：到现在为止我一直都很恐慌，所以，从来没有认真思考自己想要的东西是什么。但是现在听了你的话，我要好好地想想了。因为我觉得现在的生活不是我自己真正想要的。所以，对这样的生活，如果继续投入人生稀缺资源——时间，应该是不合理的吧！

作者：就是这样，你要好好想想！

6

改变你的
时间管理方式

掌握高效的学习方法

所谓效能是指通过计算"Input"（稀缺资源投入）与"Output"（想要获得的成果）之间的比率得出的。也就是说，所谓效能就是相对于投入的稀缺资源（时间和金钱）而言成果的比重（比率），是用来表达稀缺资源被有效利用程度的指标。

• 效能的计算方法（定义）

$$效能 = \frac{获取的成果}{投入的稀缺资源} = \frac{Output}{Input}$$

我们可以一边看上面的公式一边思考"如何才能提高效能"。最简单的提高效能的方法就是在不变更 Input 的前提下提高 Output（类型 A）。

- 类型 A：增加 Output，提高效能

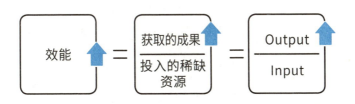

或者是像类型 B 一样，通过减少 Iutput 提高效能。这个方法也叫作"降低成本"。

- 类型 B：减少 Input，提高效能

很多人为了提高效能，不断增加 Input，反而导致效能降低。比如工作没做完所以就加班，轻率地增加 Input，就变成了类型 C 这种效能降低的情况。

- 类型 C：增加 Input，导致效能降低

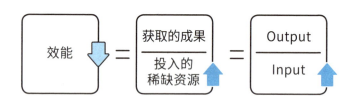

也许你会说："没有啦，加班使取得的成果增加了！"那就应该属于类型 D 的情况了。

增加工作时间，成果也增加了些许。但是如果只是增加了些许成果的话，效能本身还是降低了。

- 类型 D：增加 Input，成果虽然有些许增加，但是效能还是降低了

在类型 D 中，很多人因为"非常努力，也增加了成果"而

获得了成就感，然后就满足了。但事实上效能本身却降低了。

也许你会觉得："不是的，成果也增加了啊！加班完成的成果增加了价值！"其实这应该属于类型 E 了。在这种情况下，效能既没有下降，也没有增加，只是劳动时间本身被延长了。

也就是说，这只不过是工作时间被延长了而已。各位聪明的读者应该明白，这种状态持续下去会发生什么吧？如果持续用这种方法来增加成果的话，工作时间就会无限被延长直到占用一天 24 个小时。

• 类型 E：通增加 Input 来增加成果，效能不变

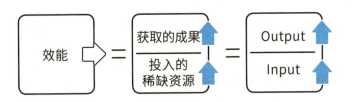

不是开玩笑，如果你仔细观察很多声称"销售额增加了两成"的公司，会发现实际上员工的劳动时间也增加了两倍，这就陷入了类型 E 的状态中了。

这仅仅是增加了劳动时间，同样的状态持续到下一年，再

下一年的话，加班就会持续增加，员工就会疲劳至极。然后，会被"不加班但是营业额增加了一成"的类型 A 公司（我们称之为公司 A）超越。"不加班却提高了一成销售额"的公司 A，与"加班将营业额提高两成"的公司 E 相比，虽然营业额较低，但是公司 A 的效能在提高，公司 E 却没有。所以，从长期的绝对营业额来看，公司 A 会超越公司 E。

小孩学习也是一样的。有很多家长会为"之前，儿子每天都学习一个小时，成绩还是不太好；但最近每天学习三个小时后，成绩提高了很多"感到高兴。

其实，学习时间翻了三倍，成绩提高这么多是理所当然的事。严格来说，这并不是什么成长。单纯听话的小孩子将大量时间放到学习上，这种状态也属于类型 D。

- 类型 D：增加 Input，成果虽然有些许增加，但是效能还是降低了

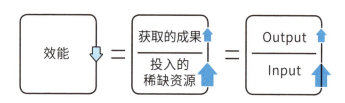

这样下去，一旦可以利用的时间达到生理上限，成绩就不可能再提高了。学生需要的并不是花更多时间在学习上，而是像类型 A 那样寻找花相同的学习时间，但是成绩却提高了的学习方法。

也就是说，比起延长学习时间，学会高效的学习方法更重要。可对很多家长来说，只要看到孩子长时间坐在书桌前就会觉得很开心，认为孩子很认真、很努力地在学习。很少有家长会提出"为什么必须花很长时间在学习上才能提高成绩？是不是应该换一种更高效的学习方法"这样的疑问。

只要提高效能，就可以在不牺牲玩和运动时间的前提下提高成绩。只在真正需要的时候（比如说考试之前）花额外的时间在学习上，就能取得更大的成果。

不管是时间还是金钱，我们能够投入的资源都是有限的，不可能永远持续增加 Input。所以，只能通过增加 Input 来提高成果的人，总是在某个节点上会停滞不前。

有许多孩子在初中的时候，学习非常刻苦，成绩优异，可到了高中就不行了；还有很多人在普通员工的阶段，就拼尽全力工作，取得了骄人的成绩，但升为课长之后就完全忙不过来了。效能总是有提升空间的，但是 Input 却不是无限的。

良夫：原来是这样，像类型 A 一样不增加投入的时间，也能够增加 Output 的产出，这才是最理想的状态。但是，这种方法能轻易找到吗？

• 类型 A：增加 Output，提高效能

作者：的确不简单。但是，事实上要实现这个目标，有很好的方法。

图 13　效能的定义

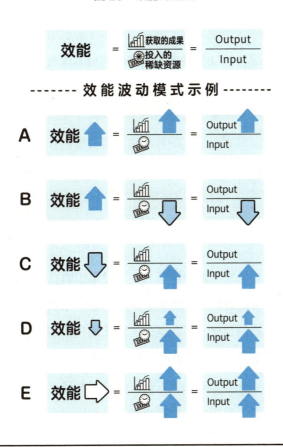

学会压缩时间

大约在 10 年前，我去了巴西圣保罗的一家日本移民资料馆。在明治时代至昭和时代中期，日本十分贫穷，国民的温饱问题基本上无法保证。因此，那时候的日本国策是将人口移民到地广人稀的国家。

其中，最大规模的就是移民至巴西。现在，圣保罗还有日本人的街区，日裔巴西人的社区也遍布各地。在记录了这段历史的日本移民资料馆中，我发现了一份很有意思的说明。有一份资料上写着："是日本移民将效能这个概念带到了巴西的农业中。"

农业领域衡量效能的指标之一，是单位农业用地面积的粮食产量（即单位面积能够收获多少农作物），在此之前，巴西人没有提高效能的想法。因为他们的国土面积广阔，认为要想提高农作物产量，只需要增加耕地面积就可以了。

但是，从日本来的农业人员，会考虑在同样的面积上，如何才能获得更多的粮食。这样一来既可以减少买地的成本，还可以缩短耕作时移动的时间。

那为什么巴西的农业，之前没有考虑过如何提高单位农业用地的效能呢？而日本的农民为什么会很快就考虑到这个问题了呢？

理由不在教育水平和农业技术的差距上，只是因为日本本身是一个很狭小的国家。看地图就可以一目了然，巴西的国土面积很广阔。因为太过广阔，开垦的人手不足，所以，才会向全世界招募移民。

相反，从日本移民过去的农业从业人员中，大部分在自己的国家都没有大片的农田，一半都是小农，以前多住在山坡等条件恶劣的农村；甚至有些人是十兄妹中最小的孩子，都没有分到父母土地的资格……这些人是为了追寻梦想中的新天地才选择了移民。

在巴西获得了心心念念的土地之后，他们开始做各种努力，让这些土地获得最大的收获。他们会尝试变换农作物的种植时期，反复改良品种或者土壤，或是在肥料的种类和用量上下功夫……

相反，对国土面积广阔、不缺土地的巴西人来说，他们的一般想法是："想提高产量，去开垦荒地来增加农田的面积就可以了。"日本农民因为长期在土地面积不可能增加的环境中劳动，才会以提高单位耕地面积收获量（提高土地效能）这个方式思考问题。

良夫：这其实还是因为日本的农民比较聪明，日本的农业技术比巴西先进吧。

作者：不是这样的，这个理由从历史中也可以找到。

衡量农业效能的指标除了单位耕地面积产量外，还有一个"劳动效能"的指标，指的是"一个农业从业人员的产量"，这是与"单位耕地面积产量"同样重要的效能指标。

事实上日本的农民很热衷于提高单位耕地面积的产量，对提高一个农业从业人员的产量却没表现出多大热情。不管是在日本还是在巴西，人们都保持着"生很多孩子，来增加务农人手"的做法。

这正是通过增加了 Input（人手）来提高产量的思维方式，这与巴西的农民"想要增加产量，只要扩大耕地面积就可以"的思维方式在本质上是一样的。

这个例子告诉我们，在可以轻易地增加 Input 的情况下，谁都不会想到要去提高效能。日本农民虽然对土地效能很敏感，可对劳动效能却很迟钝，这也是因为对他们来说，增加劳动力并不困难。反过来对巴西人而言，增加土地面积是比较简单的。

随着战后日本进入经济高度增长时期，小地方的年轻人开始憧憬高收入和便捷的生活，逐渐往都市里去了。随之而来的问题就是农村农耕人员不足。这样一来，人手这个资源就很难增加了。日本农民也开始认真地思考"在不增加人手的前提下，用什么方法可以增加收获"。

这导致了在各个领域，例如播种机等农业机械的普及，效果优良的农药得以开发，种子品种改良等，与提高农业产量相关的技术开发得以推进。乡村年轻劳动力的流失导致的 Input 不足，才是日本农业劳动生产效能得以提高的主要原因。

任何人在 Input 可以轻易增加的环境中，都不会想到要提高生产效能。但是，一旦 Input 开始减少，大家立刻就会开始考虑提高效能的方法。那么为了提高效能我们应该做些什么呢？

是的，为了提高效能我们只要减少 Input 就可以了。具体来说，减少劳动时间，压缩用在家务活和育儿上的时间；如果是学生，压缩学习时间就会对提高效能起很大作用。

图 14 提高农业生产效能的方法：巴西与日本的区别

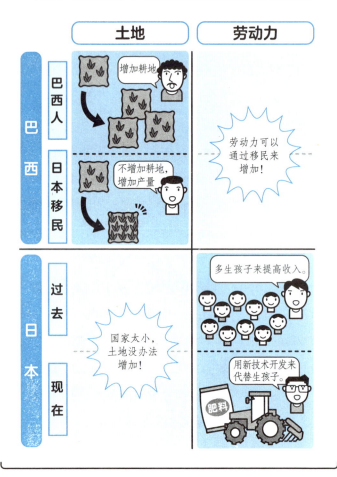

良夫：话虽如此，我还是没办法立刻相信。我总是苦于时间不够，如果再去压缩时间，真的能解决问题吗？

作者：我明白你此时的心情，但是，这些建议反过来推论也是成立的，这种方法才是提高效能的最佳方法。这种方法的效果不仅可以通过日本和巴西农民的例子证明，看看现在日本通过提高效能获得成功的人士，也可以明白这个方法。

不是没有时间，而是如何更好地利用时间

现在，在日本效能最高的人就是一边工作一边养孩子的职场妈妈了。就算是从国际的视角来看，她们也是效能最高的群体。

在欧美国家，很多人都会雇用保姆；在中国香港和新加坡，人们还会雇用常住家里的保姆，来帮她们完成育儿和全部的家务活；而很多发展中国家都与以前的日本一样，邻居们会互相

分担育儿工作。所以，找不到其他像现在日本的职场妈妈一样，一个人完成所有事情的例子。

她们一开始是以缩减自己的睡眠时间，来投入到育儿和工作中，用这种增加 Input 的方式来应付忙碌的生活。之后，她们会对丈夫提出投入大量时间的要求。到这个阶段为止，她们的主要方式依然还是增加 Input。

但是，如果孩子的祖父祖母不能帮忙带孩子，孩子不止一个，幼儿园很远，自己或者爱人海外出差比较多，甚至长期外派等问题重叠起来的话，这些难题就没办法通过增加劳动时间来解决了。

这样，无法增加 Input 之后，她们就需要寻找提高效能的方法了。除了开始使用扫地机器人或者网购等方法以外，她们还会想到搬到离公司或者幼儿园比较近的地方，向公司申请在家上班等各种提高效能的方法。

其实即便没有孩子，或者不是夫妻双方都在上班，不管是谁，只要采取同样的方法，都可以节省出更多时间来。但是，如果不是因为被挤压得完全没空闲，很少会有人开始实施这些方法。只有那些不得不这样做的人，才是认真开始思考提高效能的人。

企业也是，很多企业都开始缩减加班时间，但是还都做得不够。定了"周三不加班"的公司，事实上理念就是"一二四五加班也行"。另外，那些虽然限制了加班，但是基本没有人能够休带薪年假的公司，只不过是把加班时间和带薪休假给偷换了而已。

同样，如果在"带薪休假不休完也没问题""除了规定不加班的日子以外，加一点班也没问题"的环境中工作，大家就不会产生提高效能的想法。这是因为他们可以通过放弃今年的休假（增加劳动时间），解决工作的问题。

很多外企会因为下属的带薪年假利用率低而扣管理人员的工资。在这样的企业里，只要有到了年末还有没休完假的员工，上司就会叫员工出去谈话，商量休假的计划。下属如果说"因为工作太多，没办法休假"，上司就会开始跟他商量如何调整其工作方式（如何提高效率）才能摆脱这个状态。

《给工作中的你的25句话》《让下属按时下班的"工作方法"》等书的作者佐佐木常夫需要照顾患肝病和抑郁症的妻子、有自闭症的长子和另外两个孩子，同时还兼任大企业东丽的管理、董事等重要职位。看他的书就能明白"为了看护家人和育儿，能放到工作上的时间是有限的，可正因为如此，才得提高效能"。

我的意思并不是谁都能做到这样，但是限制投入的时间肯定是提高效能的关键。要想从繁忙的生活中脱身出来，过上闲适的生活；或者是想成为优秀的人，首先就应该从"限制Input"开始。

勇二：原来是这样！在我们公司，包括我在内，大家都觉得只要多花时间就可以了。因为是风投公司，所以大家都觉得从早到晚工作是理所当然的。因此，我们很难提高效能。

作者：限制投入的时间就好了啊！

限制Input（投入）的五种方法

在农村，如果能够增加人手和土地，农民就会立刻去增加；职场妈妈的睡眠时间若没被压缩到无法忍受的极限，就不会开始考虑提高效能。所以，还有多余的时间可以利用的人，如果不能很坚定地坚持"绝不增加 Input"的话，就不可能提高效能。

一) 限制每天的工作时间

很多每天都工作到很晚的人会觉得"因为我还单身所以没问题""因为妻子也会工作到很晚，现在是两个人都专注于工作的时候"。

这种想法是十分危险的。那是因为这么想的人与想着"要去接孩子，所以得早点回去"的人相比，效能是相对低下的。

5 点必须离开公司的人，为了能在 5 点之前完成工作，会思考、尝试各种各样的方法让自己做得更好，必须掌握更高的技能。这些思考和实践会不断提高他们的效能，促进他们不断成长。

想着"我不管工作到几点都没关系"的人，会在无法提高效能的状态中老去，等到那些边育儿边工作的人的孩子长大以后，就会跟他们在工作能力上拉开很大的差距。

当然没什么限制的时候，工作到很晚也不是什么坏事。可在这种情况下，如果可以将效能提高到最大限度，就可以自由地决定工作的时间和程度了。这样一来，比起"现如今的工作状态（长时间低效工作）"，能取得更大的成果。

所以，先在特定时间之内完成手头的工作吧，比如，先将每天要到晚上 9 点才能完成的事情，在 6 点之前做完。然后，再好好想想该怎样改变工作的方法。

多出来的三个小时该怎么用就是大家的自由了。可以去相亲，或者是去发展兴趣爱好，从事志愿者活动。如果喜欢工作，也可以拿来做别的事情。重要的是，将现在的工作用更少的时间完成。

二　决定每项工作所需的时间

不仅仅是总的劳动时间，在每项工作上花费的时间也应该定量。如果说你除了有自己的工作，还要管理下属的工作，那可以将时间划分为"上午完成自己的工作，下午指导和管理下属"。

如果说同时参与了三个项目的话，也可以像图 15 一样，在日历上分配好每个项目要花的时间。这样一来"做哪个项目的时间是绝对不够的"就可以一目了然。

另外，制作图 15 这样的日历不是为了让大家都按照这样的方式工作。不管怎么制订计划，我们都不可能这么严格地执行计划。其实，这是为了让大家切实感受到"时间不够"，才制作了这种视觉上的计划表。

在图 15 中，一天的时间被划分成了三个三个小时。分给 A 项目的时间是周一的下午和周二、周三、周四的上午。

以三个小时为单位划分时间，是因为这对管理自己的工作来说非常方便。如果我们告诉自己有 30 个小时可用的话，会很容易乐观地觉得"有这么多时间肯定能完成"。用改变 30 个小时的工作方式来提高效能，我们也没什么概念。

可如果将 A 项目可用的时间划分成四个部分的话，周一的三个小时、周二的三个小时等各需要完成多少，就很容易想象了。

而且，当你知道"三个小时绝对完成不了"的时候，也比较容易想到："怎么样才能在三个小时之内完成（提高效能），有没有三个小时之内做完的方法？"

一下子思考一个星期的安排，即便我们发誓说："下周要提高效能！"最终也不过变成一句口号。因为按照这种时间长度来思考，完全不会将事情具体化。相反，"下周一的上午，我要把每次六个小时才能做完的工作做完"，这样思考具体的方法也会变得简单。

另外，在图 15 的表格中，包括开头在内，留了几个预留的

图 15　分配每个项目的工作时间

	星期一	星期二	星期三	星期四	星期五
9:00–12:00	预留	A	A	A	C
13:00–16:00	A	C	B	C	B
16:00–19:00	C	B	预留	B	预留

时间段，后面还会详细说明。如果我们把所有日程都定死了的话，这样的计划肯定会被打乱。所以从一开始就要确保预留时间作为缓冲。

这样，我们给日程预留一些时间以后，每个项目分配到的时间就会更短，一个让人感叹"这么短的时间不可能完成"的日程表就做成了。

要提高效能，如果不能做出一个让人觉得不可能的日程表是没意义的。"差不多应该没问题"的日程表是没有效果的。

我刚入职外企的时候，接受了上司指派的工作，就想着这个工作在这周之内完成应该就可以了。结果当天晚上就被问："那个做好了吗？"我当时吓了一跳。开始我觉得这么短的时间不可能完成，但是，后来我每天都不断地挑战自己，效能也就不断得到提升，不知不觉中就能做到了。

几年过去，我升职为经理之后，指示新人的时候会说："把这个做一下，今天下班前给我。"新人会感到吃惊，觉得："什么？今天下班之前？"这时候我会意识到原来我忘了以前的自己效能也那么低。

重点在于，我们制作的表格就是要让自己觉得时间不够，甚至到了不可思议的程度。如果不这样，效能是不会提高的。如果只是把五个小时的工作压缩到四个小时完成，那只需要稍稍眼疾手快一些，减少一点休息时间（增加了 Input）就能够做到了。这样只需要努力一点点就可以达成目标的状态是没有办法改善我们的工作方式的。

所以，确保分配给每项工作无法分割的时间，然后进入每项工作在这么短的时间内都无法完成的状态中，马上思考在规定时间内完成的方法——这是提高效能的秘诀。

三） 在忙起来之前安排休假计划

我还要推荐一个方法，在忙起来之前，先决定休假的计划。很多想着"等闲下来再休假"的人最终都没能休假。所以，我们应该在不知道到时候会不会清闲的阶段，就提前把休假的计划定下来。这样一来，我们工作的时间节点就会被强行往前推，就不得不思考"要怎样做才能在这么紧张的时间之内完成工作"。也就是说，先定休假计划并不是为了休假，而是为了提高效能。

在年初的时候就可以把一年的休假计划给定下来。很粗略的计划就行，比如黄金周去中国台湾散步、品美食，夏天去妻子的老家山形县，秋天去泡温泉、赏红叶，年底要安排一次三天两夜的滑雪……

然后，尽早跟家人和公司都说好。如果需要与组员、下属或者是家人进行日程调整，就应该在这个阶段调整日期，让休假得以实现。日程一旦确定，就马上将计划写到日历上去。

还有出行的车票和酒店也应该尽早预定。重点是提前几个月，在工作忙起来之前，就把计划确定好，并且说明白。

其实，我在这本书确定要 11 月出版的时候，就预订了前往帕劳群岛的不可退不可改签的廉价机票。当时，担心我 9 月下旬不能完成稿子的责任编辑跟我说："我们出版社 12 月出版发行也可以。"

但是，我以"抱歉，我已经买了机票，所以不会更改"的理由回绝了。然后，我就很认真地开始写书。如果没有买票，或者机票是可退可改签的，我可能就会放松，想："反正编辑都这么说了，延期发售也应该没关系吧？"正因为我一开始就想到了可能出现这样的情况，所以买了不能改签的机票。

也许你会想："你早点开始努力不就得了吗？"其实这并不代表我订机票之前没有努力。只不过时间很充裕的时候，就算觉得自己已经很认真了，也没有使出 100% 的力量。人们常说，在火灾现场，人会使出吃奶的力气；只有在自己的屁股上点一把火，才能迫使自己使出全部的力量。

一般来说，我们很容易预估"下周会有多忙"或者"下个月会有多少工作要做"。如果我们已经可以预见这些繁忙事项，就会担心没办法安排休假。但如果是提前几个月或者半年，还没办法预测到自己会有多忙的时候，我们就能先确定休假的计划。

这样一来，即便到时候已经忙到不可开交，大家也不会轻易取消休假，并且开始思考："这么忙，我要怎么做才能在不给大家添麻烦的前提下休假呢？"

将自己逼到"不增加 Input，还要提高效能"的状态，我们才会开始认真思考如何提高效能。如果没有休假计划，我们就不会动脑筋思考，如何将一个月的工作在三周之内完成，然后把剩下的一周当作原定的休假来用。

还有，在旅行中，工作也有可能会有一些突发情况。为了能顺利跟进，我们还需要学会使用以前没用过的远程服务，或者培训下属尝试负责以前工作中从来没做过的重要工作。如果不想尽各种办法，会很难安心休假。这些才是需要提前把休假日程确定下来的目的所在。

再重复说一遍，提前定好休假的目的不在于"确保可以休假"，而在于"提高自己和周围人的效能"。然后在这个目的实现的同时，休假是额外的收获。

四) **确保有大量的空闲时间**

像前面提到的一样，在定日程的时候，一定要在一开始就预留出空闲时间。最近，很多人会在网上跟自己的同事或者上司、下属同步自己的日程表。如果是这种情况，我们就应该把接下来几个月的每周四上午都标上"有事"。这样开会、外出的计划，会从一开始就被安排到这以外的时间。

如果当天什么工作都没有，那就早点回家，或者去做一直没时间做的事，比如仔细想想如何培训那些总是做不出成果的下属。

留出的时间，哪怕只有几个小时，也会带来除了提高效能以外的很多好处。其中之一就是，可以冷静地处理一些突发事件。

每个人都一样，越慌乱的时候就越容易出状况；越想要掩盖事情的时候，问题往往会被放大，甚至会导致本可以应付的情况变得一塌糊涂。我们需要为突发的身体不适、父母病倒、孩子受伤、下属离职等预料之外的事情提前做好准备，这样才能在意外真正发生的时候，有余力应对。

还有一点，就是这样的话我们还可以参加一些临时举办的、有意义的活动。即便是处在今天这种信息高度发达的社会，也不是说什么事情都是提前定好的。有时候，你突然在网上看到了一些很有趣的活动，很想去参加，但可能会被其他事情缠住没办法参加。所以要参加这些活动就只能缩减睡眠时间，通过增加 Input 的方式来实现。

可如果我们在一周当中，哪怕只留出几个小时的空闲时间，稍微调整一下日程，就可以去参加那些有价值的活动。预留好空闲时间不仅能让我们提高效能，还能让我们应对突发事件，调整生活节奏。

五）将工作以外的事也写进日程表

相对于在公司工作的人而言，自由职业者似乎拥有更高的自由度。其实，自由职业者和家庭主妇比公司职员更容易延长劳动时间。

公司员工有周末、节假日、暑假和正月等确定的假期，可自由职业者和家庭主妇如果不下很大的决心去控制，公私时间会无止境地混淆下去。日程比较自由是他们的优势；但也正因如此，能好好休息的人很少。

也就是说，并非自由度高，时间就会很自由，而是自由度越高，时间的管理就更难（时间管理就需要更高的技巧）。这与公司员工管理节假日等工作以外的自由时间一样。

一般来说，人们会把节假日和周一到周五晚上的自由时间用来做想做的事或者必须做的事。前者可能是运动、聚会，或是旅游等跟兴趣相关的活动；后者一般是家务活，或是办一些手续等，维持生活所必需的事务。

一般很认真的人会将这些时间花在必须做的事情上，永远没有时间去做想做的事情。相反，也有很多人总是想做什么就去做什么，自己的生活一塌糊涂。

在繁忙的现代生活中，我们很难预知自己什么时候才能闲下来。如果我们有想做的事情，就必须通过提高效能来确保有时间去做。

首先，如果我们想去某家美术馆，想去一直想尝试的餐厅，就应该把这些想做的事先放到日程表里去（即便很勉强），提前约好朋友，买好票。另外，还要绞尽脑汁地确保这个计划可以施行。

不仅是外出的计划，"看已经下载完的电影""把放置一旁、很久没有读的书读完"等可以在家里做的事情也是一样的，应该把它们正式记录到日程表上。如果不这样，这种没什么强制力的兴趣爱好计划就永远不会实现。

把所有想做的事情的时间都确定好之后，就可以把剩下的时间分配给不得不做的事了。打扫洗手间、换洗整理衣物、洗冬天的衣服，这类容易被没完没了推迟的事情也可以写到日程表里。

这里的重点也是将"时间完全不够用"这一点可视化。在日历上已经预留了"想要做的事情"，所以花在"必须要做的事情"上的时间肯定会不够。这正是重点所在。

换洗整理衣物和打扫房间，都很容易一旦开始做就会花去半天时间。相信大家都有"本来打算简单收拾一下，结果不知为什么，整个休息日都没了"的经验吧。

如果把"换洗整理衣物"写到日程表里，不管当时决定的是两个小时还是三个小时，自己都会清楚只能将有限的时间用在这件事上。然后会想着"今天要看下载完的电影，所以，换洗整理衣物的时间就只有两个小时了"。

有些事，如果没计划就开始做，有时候可能会不知不觉就花掉了五个小时。这些事情也可以通过事先在日程表上安排好时间来解决。在开始之前就思考"怎么样才能在两个小时之内换洗整理衣物"就可以提高效能。

这样会想出很多方法来，比如说，改变衣服的收纳方法，让换洗整理衣物更方便；一年中一直穿同样的衣服，让夏天和冬天的家里都保持适宜的温度，只要再有一件毛衣就够了，这样的话就不需要经常换洗整理衣物了；把衣服的数量减半，换洗整理衣物的时间也可以减半了；不买衣服，分季节租借衣服，等等。

家务活也定好时间写到日程表里，还可以增加提高效能的思考。这正是限制 Input 的意义。

所以，自由职业者不仅需要把工作写到日程表里，工作以外的其他事情也应该写进去。工作的日程能够管理好，却总是因为没时间而将家里的事情搁置的公司职员，也应该做一份周末和晚上专用的日程表。

这里要想保证"想要做的事情"所需要的时间，就必须思考如何以高效能的方式去解决"必须做的事"。

这样一来，既可以做想做的事情，又可以将必须做的事情尽早做完，可谓一石二鸟。

减少时间的投入

很多人都有"工作做不完""要做的事情太多""我工作速

度太慢"的困扰。然后，他们会采取延长工作时间的鲁莽举措，这样会让自己的效能越来越低下。在不断增加 Input 的环境中，没有人能够提高效能。

"能做多少做多少""熬夜也要完成""总之先加油"的思维，都是认可增加投入劳动时间的超危险意识。把这些话挂在嘴边的人不可能成为优秀的人。

"减少 Input"（减少劳动时间、工作时间的投入）之所以重要，是因为这样我们才能有意识地去认真思考提高效能。

很多在事业上获得成功的人，年轻的时候都经历过工作非常繁忙的阶段。有人认为，这代表着"年轻的时候，经历过艰难，才能获得成功"。因此，他们也非常想要体验艰难。其实这种想法是错误的。事实上，成功的人是在非常繁忙的生活中掌握了高效的工作方法，然后，这让他们与成功相关联。因此艰苦的记忆中所受的苦并不重要，重要的是那些提高效能的机会。

良夫：您说不能增加 Input，但是，在下面这种情况下，增加 Input 还是能提高效能的吧？！这不是也没问题吗？

作者：如果这没问题的话，下面这个也没问题吗？

良夫：什么？

7

聪明人要远离琐碎,
保持焦点

避免什么都做

跟减少 Input 同样有效的方法是避免什么都做。在日本有一种很普通的"无一遗漏，什么都能做好的人很厉害"的价值观。在学校，如果不是所有科目都很好，就不能被称为优等生。事实上比起那些什么都不遗漏，事事都要做的人，"做不到的事情很多，但在某个领域十分突出"的人更容易成功。然而，这些人往往会被认为"偏科"。

日本媒体上报道的"做女人、妻子、妈妈都不差"的完美女性形象，隐含的价值观就是：只有将这三件完全不同意义的事全部完成的人，才会获得更高的评价。

最近 NHK（日本放送协会）的一个咨询类节目也经常宣扬"家里的事情都由妻子来做是一种美德"的价值观。那些能干的职场女性会作为嘉宾登场，说自己"不管是作为妈妈还是作为妻子都很努力"，然后，采访记者和主持人会感叹："真厉害！"

然后，镜头会转到那些做出"我这么懒惰的人肯定做不到，但是接下来会向某某学习，想要努力一些"回答的观众。这是因为，平时白天的咨询节目的观众一般都是那些孩子已经长大成人，50 岁以上的家庭主妇和已经退休的老年男性。所以这些节目会充斥着对"家务和育儿都独自完成的女性"的赞美。

因为职场妈妈不看这类节目，这样播出就没问题吗？我不这么认为。这种与现实相背离的价值观，通过公共媒体传达给人数众多，且比在职工作的人年长的人，会对他们的选举行为造成影响，从而对政治家的决策产生影响。同时，这也会让作为她们婆婆和亲戚的观众给职场妈妈们施加压力。

在这种影响下，很多人才会对在家附近要新建幼儿园提出反对意见，认为："为什么要建这么多幼儿园？3 岁前交给妈妈带不就行了吗？"

之前有一个女艺人，也是企业家，曾在社交网站上晒出自己给女儿做的便当。某次，她雇了几个保姆帮忙处理家务、照看孩子的事情被报道出来，一些媒体便提出批判。但是，我觉得她的生活方式十分合理。

她自己经营着规模很大的公司。把自己有限的时间都花在纪念日与女儿创造共同的记忆上，其他的家务活外包出去。尽管大家未必都能像她那样，但是，这不正是优秀女性的典范吗？

可是，很多出现在电视上的女性声称："家务活、育儿都要努力自己做！"这是因为，这样才能博得观众的好感。即使你收入再多，若对公众坦言你花钱雇人做家务活，别说提升好感度了，有时甚至还可能会成为舆论攻击的焦点。

结了婚的女演员如果说"不想要孩子"，就会成为很人的话题；即便一个女性承担起了妻子和母亲的责任，如果她不再精心打扮也会受到舆论"不配做女人"的揶揄。

最近，男性也被要求"工作优秀，上了年纪也不能有肚子，而且还要帅"。那个"男人只要能工作就好了"的时代已经过去了。虽然男女逐渐平等是好事，但是，要求所有人事事做好，会让很多人压力过大。

在这样一个"即便是优秀的商务人士，也要把可观的收入都存起来""家里的事情全部自己做"才能够获得普遍好感的社会，想要把养育孩子和家务都做好，那会像在黑暗企业工作的员工一样，永无出头之日。

没有人是万能的

这个世界有很多不断尝试新事物的人。这些做了很多事情、令人惊叹的人，往往不会去做那些谁都能做到的事情。

另外，他们在做这些事情的同时，也对随之而来的负担（不仅仅是经济负担，还包括不能按照自己的习惯打扫房间，别人的眼神等）做好了心理准备，就是因为这样的人生效能比较高（能够在有限的人生，做更多"自己想做的事情"）。

比如说有下述三个职场妈妈：

- 美味妈妈：很擅长做菜，每次都把孩子的便当做得像艺术品一样。发到社交网站上的晚餐也常常是精心准备的料理。

- 整理狂妈妈：擅长打扫，虽然家里有小孩，但是干净到让人难以置信！

- 社长妈妈：在外企工作的能干妈妈。看起来十分飒爽，很会打扮。

如果自己身边有这样的妈妈，或者电视上、网络上有这样

图 16　三个完美妈妈的实际情况

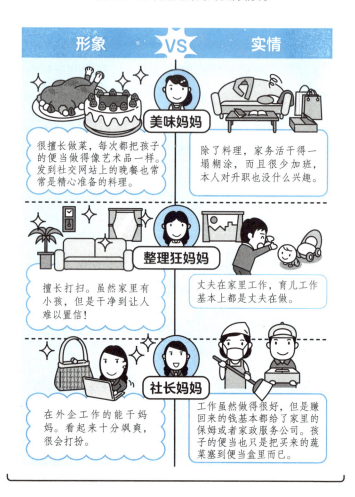

的报道，会让人感到焦虑。然后我们会反思："做饭、打扫家里卫生，还有工作，我也要全方位地努力了。"

但是，这些人的实际情况其实是图16的状态也说不定。

看了美味妈妈的情况，会让人觉得"至少要把便当做好"；看了整理狂妈妈的情况，会因为自己家里太乱而感到不好意思；然后，看到社长妈妈的情况，也许又会觉得"带孩子每天手忙脚乱，她能这么工作真厉害"。事实上，事事都能做好的妈妈是不存在的。

这三个人都有自己做得很好的地方，也有她们决定了不会亲力亲为的事情。然而，如果我们觉得"大家在做的事情，我也应该做到"的话，生活肯定会运转不开。

我们完全没有必要因为不能事事做好而责备自己，进而陷入低落的情绪中。首先，应该让自己从"事事都理所当然应该做好"的洗脑中解放出来。

改变"一个人应该负责所有事情"的价值观

我现在去的瑜伽教室，采取的工作方式就很好。每个教练（大部分是女性）都有锻炼得很漂亮的肌肉，身体也非常柔软。

当然，他们教授瑜伽的方法很棒，说话方式也很友善，能够让学生保持持续练习的热情。我觉得这个教室汇集了很多优秀的教练。可是，事实上这些教练都很不擅长办公室工作。

我办会员卡时，听他们讲解收费和签约的方式，简直一头雾水。因为他们的说明太难懂了，所以我又问了好几遍。咨询取消预约的方法时，得到的回答也令人糊涂。当时，我甚至有"参加这样的训练班真的没问题吗"的想法。

不过，他们告诉我网上有详细的说明。我去看了一下，这家连锁瑜伽教室的网站做得非常好，看一遍就能够理解。而且，课程的预约和取消都可以在网上完成。虽然网站对教练的信息说明有一些不充分，但是整体来说没什么问题。

这就是不通过"一个人事事亲力亲为来提高效能"的好例子。我们并没有要求瑜伽教练对办公室的手续也很擅长。如果这个公司坚持雇用"瑜伽做得好，教得也好，擅长服务业，擅长接待客人，并且还擅长办公室工作的人"的话，马上就会陷入"人手不足，招不到瑜伽教练"的状态中。

但是，只要把这些繁杂的行政手续统一交给一个人来负责，瑜伽教练就可以专注于自己擅长的本职工作。如果把这个行政手续的工作交给系统（网站）来做的话，效能就可以提高得更多。

这个例子告诉我们，不应该要求一个人在所有领域都做到平均分以上，只要他具备本职工作必要的核心技能，其他事情可以通过分工和 IT 来解决。这样，工作才能提高效能，也有利于解决人手不足的问题。

最近，我常听到有人抱怨托儿所多了，但是招不到保育员。理由是保育员的工作太辛苦，工资待遇却很低。我觉得这个问题也需要改变一下思维方式。

保育员的工作不仅仅是照顾幼儿，还要准备生日聚会、圣诞节等各种各样的节日，清扫包括卫生间在内的托儿所，对玩具和寝具进行整理和除菌，还需要做办理行政手续等工作。另外，练习用风琴弹奏孩子们喜欢的流行歌曲也是保育员的工作。还要以文字的形式记录每个孩子与监护人之间的联络，这也会占用他们很多时间。

那么，全日本数万个托儿所每年过年过节，还有每个月到访的季节性活动，真的有一一开展的必要吗？如果有"装饰托儿所和幼儿园的专业人员"和"生日聚会套餐服务公司"，将筹备工作全部交给他们去做的话，持有保育员资格证的人就可以花更多的时间在幼儿身上了。

孩子们喜欢的流行歌曲伴奏（从慢歌到快节奏的歌曲）可以从网上下载，采用头像登录的网站或者录音来代替手写的话，托儿所就可以用更短的时间完成每个月的记录。

我没有在托儿所工作过的经历，所以我并不能说这些措施是绝对有效的。但是，我想提的问题是，在我们感叹"保育员太忙，人手不足"之前，有没有想过"怎样做才能够提高效能，缓解繁忙状况"，我们是不是尽力了？

外包和分工，还有 IT 化是提高效能极其有效的手段。可是在日本，"不外包、不分工，一个人应该负责所有事情"的价值观依然根深蒂固。

但今后，很多苦恼于人手不足的领域，都有必要思考一下怎样才能提高效能。为此，首先要克服（纠正）的就是"一个人要精通这个职业所有的业务"这种追求全方位优等生的价值观。

🔘 惠子：我的确觉得别的妈妈都比我努力。这么说来，说不定大家都在看不到的地方偷懒呢。

还有，那些说如果女人不能兼顾带孩子和工作，甚至还包括打扮自己，就不配做女人的

人是不能原谅的。这么说的话，不带孩子的
男人还应该被说不配做父亲呢！

作者：正是这样！

减少时间浪费的四种方法

那么接下来我们就看看减少时间浪费的具体方法有哪些。

一　做自己力所能及的事

很多人认为，上司要求我们做的工作必须全部做，而且要
按照上司的要求去做。也许你会说"那不是理所当然的吗"，实
则未必。

事实上，只需要想着"本来就没有事事亲力亲为的必要"，
就可以大幅度地提高自己的效能。

不管什么人，无论身处什么样的职场，都存在非常有价值
的工作和价值不怎么高的工作。如果想着"全部做完"，就会在

不自觉中将时间都花在"不那么重要的工作"上。

之所以会这样，多半是因为在大部分情况下，重要且价值高的工作并不是轻易能完成的工作。这些工作往往需要认真思考，进行各种尝试，探索各种方向之后才能开始着手。而且，即便这样，也不一定能够获得成果。相反，那些"无所谓的工作""不需要优先考虑的工作"当中，有很多是"很容易完成""只要花时间就一定能完成"的工作。

因此，如果想着什么都做，人们一般会从那些很容易完成的工作着手。因为，他们会想着"反正最终都得做完，先把这些能很快完成的做完"。

可通常情况下，我们会在做这些事情时把时间消耗掉。结果就是，留给很难完成但是很重要的工作的时间就很少了。

这是工作分配中最差的情况。本来应该从价值高的工作开始，花足够多的时间在这件事情上，剩下的时间再用来处理价值不高的工作。不过这种做法并不容易。

想着"所有的工作都有必要做"的话，会被"虽然这项工作很重要，但是很难，而且短时间难以完成。所以如果从这项工作开始做的话，很可能别的工作就完成不了"的不安感围绕。

相反，想着"完全没必要完成所有工作，只需要把重要的工作完成就好"，就可以从最难、最重要的工作开始。这样才能想清楚"因为这是最重要的工作，所以只要把这件事做完就好。只要完成这项工作，其他的工作做不完也没什么"。

这个心理上的差别产生的影响是决定性的。很多想着"需要全部做完"的人，都会从很快能完成的工作开始，然后，在那些附加值很低的工作上把时间消耗光。因而，在很关键、很重要的工作上，就难以获得成果。

其实大家心里都明白应该从重要的工作开始做，应该把更多时间花在重要的工作上，但是做起来很困难。为了践行这种正确但是困难的想法，最有效的方法就是从一开始就明白没有必要把所有事情都做完。

图 17　正确的工作顺序

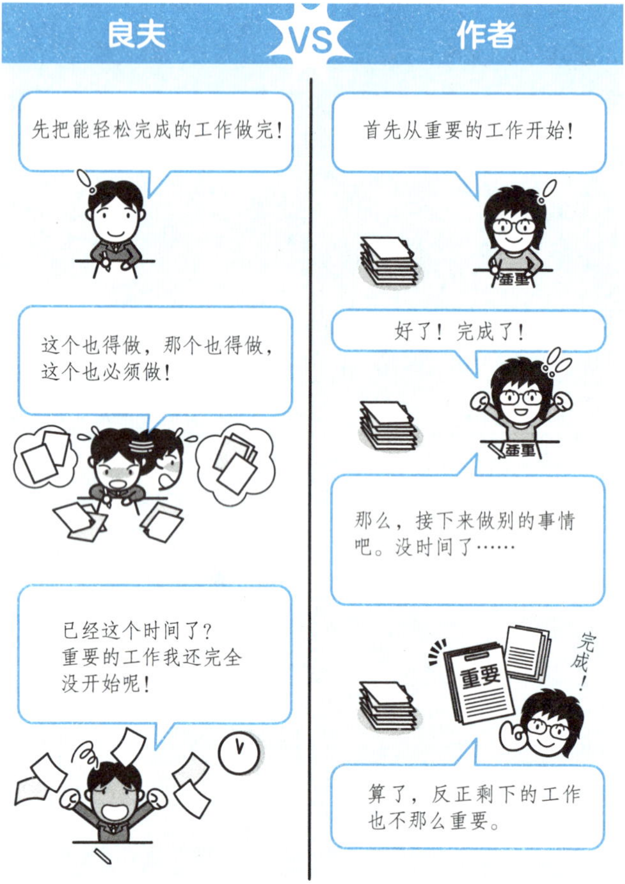

回复邮件亦是如此。大家有没有对收到的与工作相关的电子邮件一一回复的习惯？

我在十多年前，就放弃了回复所有邮件的想法。其实，对邮件这件事也是一样，"先回复重要的邮件，之后有时间再回复其他邮件"才是正确的使用时间的方法。但是，如果认为"所有邮件都有回复的必要"的话，就会优先回复那些不需要花什么时间，但是也不怎么重要的邮件；进而每天、每个月，然后以年为单位看这件事的话，就会发现我们其实流失了很多时间。如果本来想着"想好了再回复"的邮件被暂缓，便会使很多重要的邮件回复晚了，这就是本末倒置了。

也许你会想："回复那些简单的邮件连 30 秒都不用，所以即便没什么价值也先做完，不是也很好吗？"但是这种快速的回复往往会招致对方很快再发来邮件。

我觉得过快地回信会给对方造成"看起来对方也很认可这个想法"或者"看来，对方现在不怎么忙"的误会。

然后，我们花费的时间绝对远远超过 30 秒。为了避免这种情况，在优先顺序中靠前的工作没有做完之前，不要分神到一些多余的事情上比较好。

我一般会在看邮件的时候就判断是否需要回复。然后，将我觉得可以保留（不到再来一封邮件催的时候，不需要回复）的邮件点击归档保存。然后，这封邮件会从未读邮件中消失。这样一来"必须要回复，要尽早处理"的压力就会消失。

当然当我委托别人做什么事情时，对方回复的邮件我不会无视的。此外，我现在使用的日语输入法软件，只要我输入"了解"，它会帮我转换成为"了解了，以后也请多多关照"；我输入"很荣幸"，它会自动转换成"很荣幸您这次来找我，我对不能接受您的好意感到抱歉。希望能够得到您的理解。以后也请您多多关照"。

所以，很多邮件都可以用"了解"或者"很荣幸"来回复。如果遇到那些不能用这两个词回复的邮件，我会思考："现在我真的应该把我宝贵的时间，花在回复这封邮件上吗？"

我在这儿想要说明的是，利用人类思维方式来提高效能。通过决定"没必要所有事情亲力亲为"和"除了必须要做的事情，别的一概不做"，可以强迫自己去思考"这件事情属于哪一类"的问题。这样一来，就可以实现"一开始就把时间花在最重要的事情上"这种高效能的时间使用方法。

本来这是一个很自然的道理。但是，如果一开始就想着"全部做完"，就很难实现。

二) 学会放弃

无论是工作还是个人生活，很多看起来做了很多事情的人，都没有去做那些想当然的事情。

我已经好多年没有寄新年贺卡了，也没有整理我收到的名片。那些名片都被我放在一个小箱子里，装满了以后就从最底层（最旧的）开始处理。我看过一本教人如何做自由职业者的书，里面还写着"整理名片是人脉的关键"，其实，现在大部分信息都在网上、邮箱、电话里，只要有过一次联系，就会在电脑里留下记录。如今俨然已经到了交换名片是不是有必要，都让人存疑的时代。如果还要花费大量的时间和金钱在整理名片的软件或者名片本上，那就太浪费时间了。

私人生活也是如此。除了大扫除等麻烦的事情外，原本我很喜欢做的旅游攻略工作，我也选择只把粗略的需求加以传达，剩下的都交给专业的公司来做。也许你会说"你之所以能这么做，是因为你有钱"，其实这个逻辑是反的。

不是"因为有钱，才可以把想做的事情交给别人做"，而是"把自己的时间集中使用在高价值的事情上，才可以高效地赚钱，才能在经济上把其他事情交给别人来做"。

"大家都在做的事情，我自己也应该都做到，即便效率再低也要亲力亲为"这样的想法会让你宝贵的时间被效率低的事情占据。结果，会让你无法获得可以利用外包服务的经济能力。

不与不合适的人来往，对提高生活的效能也有很好的效果。我们没有必要因为多次拒绝而觉得不好意思，或者因为感觉抱歉就去参加一些麻烦的聚会。"要跟大家都处好关系"也是我们应该摒弃的价值观之一。

我的意思并不是让大家放弃所有的人际交往，而是想让大家思考一下，在人际交往上是不是也有效能更高的方法。不发新年贺卡，在 Facebook 上不只是简单地写一两句评论，而是发一封回顾过去一年、展望下一年计划的信，比只写一两句话的新年贺卡更能详细地传达自己的近况。

如果你是很会用电脑的人，可以率先提出负责家长会或者社区的一些事务性工作。这样，对于晚上的值班，你就可以比较轻松地推脱吧！

过盂兰盆节回到婆家，如果说："妈妈，之前你说想换一个吸尘器是吧？我搜了几个还不错的商品。"然后把打印好的网站上的信息递过去，也许就更好开口说："今天有点累，我们出去吃，可以吗？"

如果我们不下这些功夫，总是纠结于"要么接受对方的要求，要么不接受"这两个选项之间，便会陷入"要么接受繁忙的生活，要么被人讨厌"的纠结选择之中，结果，你多半会选择接受忙碌的生活。

一旦决定"我不熨衣服"（拒绝熨衣服这件事），你就会想着把白衬衫交给洗衣店来处理，或者选择只穿（只买）不需要熨烫的衣服等方法。想着"如果有可以不做的方法，就不做了"，是想不出来好方法的。反过来，从一开始就决定"决不做，思考一下怎么样才可以不做"，才是节省时间的关键。

三 选对努力的领域

"越努力越成功"这句话也是一句鸡汤，本身缺乏合理性。大家都有类似的经验，很多事情在开始阶段，努力就会很容易获得很大的成果。但是，到了一定的阶段，即便保持最初的努力程度，也很难轻易得到提高。最开始那种"只要稍稍努力就马上可以进步"的高效能的状态是不能长久维持的。

这种现象被称作学习曲线（learningcurve），如图 18 所示。横轴表示学习时间，纵轴表示学习成果。

这个曲线所展示的是，从零到八成的成果只需要二成的时间就可以完成。但是，剩下的二成想要完成，需要花之前四倍（总数的 80%）的时间才能完成。

不管哪个阶段，只要花时间就能提高。但是，提高的程度在某个时间节点会骤然下降。因此，那些不注重学习效能的人，就会在这个时间点逐渐陷入"完全感觉不到提升，但是还要继续努力"的状态。

世上当然有必须把完美作为目标的时候。匠人或者技术人员等这些需要做到极致的职业，或者在某一领域需要做到世界最好的人，最后是以微弱的差距分出胜负的。

所以在那些"对自己来说要见胜负的领域"，当然是要一直努力到最后。应该说某个时间点（20/80 的时间点）才是开始，那之后才是真正的竞争。

但是，在对自己来说不是很重要的领域，在到达图中☆时点之后就放弃，是一个比较合理的判断。这是因为接下来即使为了取得些许成果，也需要投入很多的时间（效能非常低的阶段）。

重要的事情在到达某个时间点之后，就需要做出"还需要花很多的时间。这件事情即便如此，自己也要再进一步吗"的选择了。

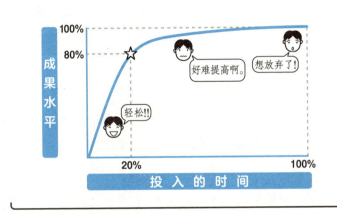

图 18 学习曲线的形态

语言的学习就是典型的范例。掌握学习、旅行中所需或者日常对话水平的英语并不困难。但是，要掌握商务洽谈所需的英语，即使花很长时间也很难达到。有很多人在英语达到了日常对话水平后，依然继续学习英语。可是，这样使用宝贵的时间，真的是正确的选择吗？

相反，在只需要稍做努力就能大幅度提高的初学者阶段，可以在很多领域进行尝试。这是因为在最初的阶段，学习的效能是很高的。

从来没做过饭的人，花一年时间去培训班学习，很快就可以做简单的料理了。运动、游戏还有摄影也是，最初的一两年时间的学习效能是最高的。所以，想要寻找自己想做的事情和兴趣爱好的人，可以轻松地开始很多事情。

很多人会批判那些浅尝辄止的人，认为他们做什么都会半途而废。可是，我觉得这种做法没有什么问题。这些人把宝贵的时间花在学习效能最高的阶段，是非常合理的。

不要因为"中途放弃"就产生没意义的罪恶感，只要觉得学习的效能降低了就应该开始思考"这件事情对自己来说，是应该投入稀缺资源的事情吗"。不要一直努力，思考"这是不是自己应该努力的领域"，然后进行慎重选择才是最重要的。

四）给时间记账

在自己的生活中，用一周时间就可以寻找到效能低的地方和应该停止的事情。可以将自己从早到晚做的事情，以一个小时为单位进行详细的记录。这样一来，自己在哪些事情上花了多少时间，就会非常明确。因为这不是要拿给别人看的，所以一定要真实地记录。

这就是时间账本。为了避免金钱的浪费，大家经常会在一定时间内记录自己的开支。如果不是金钱，而是时间让你觉得不够，同样，你第一步就应该把时间的使用进行记录。

在存不了钱的人的账本上，往往会有很多"不知道用在了哪里"的金额。同样的，一直苦恼于时间不够用的人，他们的时间账本上也有很多用途不明的时间。用途不明的金钱大半都被浪费了。同样，用途不明的时间也大半被浪费了。首先就需要通过记录来找出这些时间有多少（见图19）。

图19 时间账本（例）

顺序	事项	平日	假日
1	睡眠	6.5 小时	10 小时
2	早起梳洗＋早餐	1 小时	1 小时
3	通勤（往返）	1.5小时（单程45分钟）	—
4	工作	9 小时	—
5	午饭	1 小时	1 小时
6	晚饭	1 小时	1 小时
7	家务	1 小时	2 小时
8	洗澡、上厕所、整理衣物等	1 小时	1 小时
小计		22 小时	16 小时
剩余		2 小时	8 小时
9	（以下，自由记载）		
10			
11			
合计		24 小时	24 小时

做完了不包括用途不明的时间账本之后，从里面找出"想要停止"的事项和"还没办法完全停止，但是可以大幅度压缩"的项目。然后尽量避开思维定式，去判断这些事情停掉的话，真的会导致严重后果，还是说停掉也不会出什么问题。

一个月里共有八天是周末，平均还会有一天节日。如果一个人在一周休两天的公司上班的话，每个月会有九天休假时间。这样算起来，在保证每天十个小时的睡眠时间的前提下，依然有 9×（24 小时－ 10 小时）=126 个小时的时间。

那么，每个月自己都把这些时间用在什么事情上了呢？想要缩减的和想要增加的时间项目都是哪些？对此，我们应该在数据的基础上进行思考。如果是工作，按照 PDCA（Plan-Do-Check-Action）的方式循环来运行。这个对提高个人生活的效能也非常有效。

我有一个朋友就用这种方法，重新考察了自己的时间。结果，发现自己在买东西、做饭、饭后打扫、扔厨房垃圾和整理冰箱等跟吃饭有关的事情上，花费了很长的时间，之后他便重新调整了自己的饮食生活。

他把早餐规定为统一吃面包、牛奶、咖啡、奶酪和一些蔬菜；中午在外面吃；晚餐就只吃在网上预订的定量食材套餐

（蔬菜已切好，肉、鱼等已经过初步处理，并配有烹饪方法，统一送货到家）。

这样一来，每周除了一次要去买早餐所需的东西外，他就不用再去超市了。餐后的打扫（因为不需要切蔬菜和做一些其他准备工作，甚至都不需要再用菜刀和砧板）时间也大幅度缩减。而且，他不仅不用再整理冰箱了，还因为没有厨房垃圾，连蟑螂都没有了，效果十分令人满意。定量食材套餐虽然比普通的食材要稍稍贵一些，但是家里连调料都可以不准备，废弃食材也没有，整体算起来成本并没有太大变化。

我们还可以通过为黄金周、暑假，还有期末、年末等特殊时期，特别制作时间账本，来帮我们找到明年可以改善的问题。就算一个人忙到连睡觉的时间都没有，也可以找到"原来我在这样的事情上花了这么长的时间啊……"的浪费情况。同时，我们也可以为长久以来"为什么这么长的假期，什么也没做就这么结束了"的疑问找到答案。

最近智能手机和平板电脑上有很多日程表程序，使用这些做记录很简单。所以，那些总是觉得时间不够用的人，一定要试一试。

良夫：那我赶紧做一做看！

不要在不重要的事上浪费时间

不只是定量食材套餐和网上超市，最近还出现了很多新的商品和服务。这些都是为那些"除了自己想做的事情外，尽量不想浪费时间"的人提供的。

比如说在化妆品领域，几年前出现了一种很好卖的 BB 霜，它融合了粉底、防晒、护肤和底妆等多种功能。以前的化妆品面向的都是那些为了变漂亮不惜付出各种努力的女性，但是BB 霜不是这样，它是针对那些"因为忙，希望可以在短时间内化完妆"的女性推出的。

其代表的观念是"化妆是职场的礼仪，所以不得不做。但是，对这个过程自己既不喜欢也不开心，职场女性想要尽量在短时间内化完妆（希望可以提高化妆品的效能）"。

鲁班扫地机器人把大家从令人厌恶的清扫工作中解放出来，而化妆本来被认为是一件让人觉得"比较令人开心的事情"，居然也开发出了能提高效能的商品。所以，这样的商品和服务今后一定还会不断增加。因此，消费者应该积极发出"希望提高生活中某一部分的效能。我不想在这些事情上花费这么多时间"的声音。这样一来，企业就会积极地开发研制出能够提高效能的商品和服务，社会向高效能转型的进程会被更加快速推进。

8

掌控时间的人，
才配拥有好的生活

让科技产品成为省时帮手

现在可能有很多人都忘了，亚马逊刚在日本开展业务的时候，曾有过关于"亚马逊在日本真的能成功吗"舆论的讨论。

与美国这种去书店要开 30 多分钟车的国家不同，在日本人上下班的路上就有很多书店可以逛。杂志、漫画在发售日当天，去便利店或者报刊亭都可以买到，很方便。所以，有很多人断言"亚马逊在日本没办法做大"。

智能手机也是一样。iPhone 刚被开发出来的时候，很多人提出，日本是折叠机文化，非翻盖的手机使用起来很不方便等。很多现在听起来匪夷所思的原因，都令人认为智能手机在日本很难推广。

实名的 Facebook 也曾被预言在日本不会普及，还有人认为像衣服、鞋这些需要试穿的商品的网购是不会流行起来的。直到现在，还有很多人断言优步"在小地方会很方便，但是，在东京这种乘坐出租车很便利的城市是不会受欢迎的"。

可是亚马逊、智能手机都在日本迅速普及起来。很多时尚敏感度高的女性也会在网上购买衣服。这都是社会向高效能转型的典型例子。

书籍与其他商品都一样，当我们为了买特定的某件东西时，特意出门去店铺里买，效能是非常低下的。即便是住在东京，从家出门到大型商场，也需要坐地铁或者电车，单程要花费30分钟。买到东西后，再带着很重的东西回到家，一个来回算下来要花两个小时。

中等规模的城市，就算住在徒步只需10分钟就可以到达书店的区域，你也无法预测书店里有没有你想找的书。如果没有库存的话，只能再去别的书店买（依然不知道会不会有库存）；或者让书店调货，几天后再跑一趟去取货。

这么一想，我们就能清楚地意识到：去书店买想要的书，是效能低到让人吃惊的行为。在家里，只用上网搜索一下，然后在网上书店花1分钟时间点击购买。从效能的观点来看，这种变化是革命性的。

不过，我在博客里推荐的书，到现在也都是在书店里能找到的一些书。在网上书店买"想要买的书"效能很高。但是，如果抱有"偶然发现很有趣的书"这个目的的话，效能就太低了。

另外，那些不是著名作者出的很不起眼的书能够大卖，也少不了在实体书店畅销的过程。网上书店畅销的都是名家的书，或者在电视或者网上成为话题的书，这些书籍会被读者指名购买。所以，这些平台不能成为畅销的原点。在这个功能上讲，二者之间还是有天壤之别的。

至于智能手机与翻盖手机（现在应该已经没有人这么比较了），之前也有很多人把智能手机和翻盖手机的长处和短处做了详细的对比，在这个基础上讨论智能手机是否能在日本普及。

其实，这种细节的比较是毫无意义的。从效能的角度，只需要看某件商品能提高多少效能。仅凭这一点，就可以判断这个商品或者服务，能不能被消费者所接受。

关于自动驾驶汽车的普及，当然发生事故的时候，事故责任的判定的确是一个问题。可是从东京到大阪，从大阪到九州，如果将人开车与自动驾驶车辆自行往返比较的话，效能的高低就很明显了。即便自动驾驶汽车还存在各种各样的问题，但能如此提高效能，是不可能推广不了的。

相反，电动车和燃气汽车的普及，我就不太看好。与现在的汽车相比，这种车没有大幅度地提高任何效能吧？如果可以将燃料的效能（燃料费）提高几十倍，它们可能会普及。可燃料、驾驶员、车子，任何一样的效能都没有得到大的改善，所以，我觉得普及起来会很费时间的。

归根结底，很多东西即使在开始的时候，会有一些不适应或者文化上的差异，但只要能压倒性地提高效能，该商品或服务就能够得到推广，社会也会朝向高效能转型。

有些高科技你不用就浪费了

可以预期，今后医疗行业的效能将会大幅度地提升，以往的常识将会被颠覆。在第三章，我给大家介绍了人工智能就癌症的治疗方法，为人类医生提供建议的事例。正如这几年普及的电子书这个词一样，"智能医生"这个词的使用也会成为常态。

现在专科医院很少，且大多集中在人口稠密的大城市。村镇里的人想要去专科医院看病，需要在往返交通上花很多时间。有的人甚至会在路上花掉六个小时，然后还要候诊两个小时，诊疗还要再花 30 分钟。

朝鲜的领导人患病时要从欧洲请医生，住在离岛上的日本人为了看病还需要住酒店，像这种怎么看效能都很低的体系，是应当被改进的。我认为，即便规章制度和一些既得利益者会形成固化的抵抗制，但是通过 IT 技术进行远程治疗的方式一定会迅速普及。

另外，在医疗领域，大家普遍认为效能也是需要提高的，还有药品开发和配药。将同样的药物，提供给患有同样疾病的患者，可能对有些人很有效，对有些人却完全没有效果。因此，一般医生会在一开始就根据症状和检查结果来使用"效果可能会更显著"的药物，然后看结果，如果无效的话再换其他处方。

其实这也是人体实验的一种，现在只有通过这种方法才能找到针对个别人有效的药物。通过制造大量含有患者本人基因细胞，然后在实验室里给这些细胞注射各种药物，从中选择效果最好的给患者本人使用。以后这种治疗方法将有可能实现。

也就是说，给每一位患者选择最合适的药物，配药的效能会提高几十倍。如果使用预先知道效果的药物，医疗费也可以节省很多。

药物开发也是如此。如果我们可以大量复制患有特殊疾病患者的细胞，就能在实验室里测试新药物的效果。与现在相比，就能更快地找到有效的药物。

另外，现金的使用也是一种低效能的方式。在花钱之前，我们必须去银行或者便利店把钱取出来。用的时候，需要从钱包里拿出钱，确认零钱数额，然后再将钱放回钱包里。钱丢失或者被偷之后，也没办法防止别人使用。

店铺每天也要花大量的时间在清点现金上。他们不但要对照营业额进行清点，还要为了避免被盗，将全部现金存到银行里。其实，就算是营业到半夜的便利店，如果柜台里没有现金，就不会引来小偷。现金就是"召唤窃贼"的物品。

而且，因为日元在其他国家不能使用，所以我们出国的时候需要换钱，每次都要花费高额的手续费，而且还存在假币横行的现状。所以，为了得到"完成支付"这么简单的一个结果，需要花费大量精力和成本，这种低效的方式是不可能永久留存的。

最近，"金融技术"（financial 和 technology 的合成词）这个词经常充斥耳边。能感知到现在的金融制度效能极低的人，便能够从中看到它极大的可能性。

选举也是一种效能低下的行为。现在的选举需要选民亲自跑到投票站，用铅笔在纸上写上候选人的名字，同时需要几个监视人员在旁边盯着。待投票完成后，还要给投票箱安排严密的安保。投票箱集中到一起以后，还需要很多人来彻夜唱票，最终还需要重复清点，检查是否有错误。在这样的时代还存在这么低效能的流程，简直让人吃惊。

那些担心"网络投票不能确保每个人的自由意志"或者"被黑客袭击的话结果会被操纵"的人（喜欢在鸡蛋里面挑骨头的人），什么时候都存在。

仅仅只是想得到"把自己想选的人的名字告诉选举事务管理所，然后计入统计结果"这么简单的结果，却要大费周章；劳神费力的低效体系，在人口少、IT 水平高的国家，会逐步被淘汰吧（在人口只有 132 万多的爱沙尼亚已经实现了在线投票）。

医疗和货币经济的基础构建，以及支撑民主主义的选举制度等现代社会的基础领域，今后也会有大幅度的效能提升。这将会使我们生活的各方面都发生巨大的变化。

减少人生中被浪费掉的时间

包括日本在内的发达国家，人们的生活看起来十分富庶。但是，如果从效能的角度重新审视，会发现这些国家的效能还很低，并且还存在许多的浪费。

反过来看，这也可以说是一个非常好的机会。任何国家都经历了第一、二、三次工业革命的转型，在转型过程中实现高度增长，使国家、企业和个人都富裕起来。但是，这之后大部分发达国家都经历了低增长阶段。

因为大家都对更富裕的生活没有概念了，当被问及有钱了想要得到什么，很多人都会回答"没什么特别想要的"。在这种状态下，人们会把赚来的钱都存起来，甚至会不清楚工作的意义。这就是越来越多的人都想要尽量不工作，过最低限度的生活的理由。

处于高速发展时代的年轻人，是对"有电视、洗衣机等便捷家电，被漂亮的衣服和美味的食物包围的富裕生活"有憧憬的，而且还会有很具体的想象，工资一发下来他们就会去买。

这时，人们会在"买买买"清单上记录好"下次的奖金要用来买电视，明年的奖金买冰箱，再下一年的奖金买车……"，将几年后要买的商品都写上。

现在的商品极其丰富，几乎没有什么是需要我们计划几年，才能买到的东西。发达国家大多处在通货膨胀中，利息少到甚至是负数。不管怎么赚钱，若没有特别想要的东西，很多人也不会花钱。

那些看起来很富裕的国家，从效能上来看，其实是问题很多的低效能社会。

通勤时间、候诊时间、堵在路上的时间，花在无聊、没意义又不得不听的课程上的时间，因为现金不够找 ATM 机的时间，穿着拖鞋排队付款的时间，其实都是被低效能生活浪费掉的时间。

智能手机的普及让通勤时间的效能提高了一些，但是，很多人在电车上也只是用手机在玩游戏。这并不是因为游戏有多有趣，而是因为没有什么比提高通勤时间效能更有效的方法了。

"到公司后不得不做的事情""回家后不得不做的事情"如果可以在通勤期间用手机完成的话，很多人肯定会先做这些正事。

不仅仅是时间，东西的使用效能也极低。不管是家里还是学校、医院、公司，很多家电和设备被长时间搁置，很多空间也处在闲置中。

在日本，如果一个人开始了单身生活，就会买好家用电器。其中，电冰箱和微波炉是比较常用的，但洗衣机和吸尘器的使用率（效能）就非常低了。

而在美国，租赁公寓里的空调都是中央统一管理，各个房间都有吸尘器的吸口，只要插在专用的接口就可以把垃圾吸走。

洗衣机是在公共楼层里安放的投币洗衣机。空调、吸尘器、洗衣机，都不需要租公寓的人再买。随着一些共享公寓增加，在日本很多人也会逐渐认为"每个人都有自己专用的洗衣机和吸尘器，效能实在是太低了"。

空余出来的时间，闲置的空间、工具，被搁置的才能等，提高这些没能被有效利用的资源的效能，将会孕育新的商机。一旦出现可以将效能提高数十倍的服务或商品，我们的生活将会比现在更富裕。

正如经济高度增长时期的年轻人，向往拥有空调和汽车的富裕生活一样，今后的年轻人将会对每周休三天，通勤时间为零，等待时间为零的富裕生活充满向往。所以，只有通过提高效能来实现这种生活，才是长期处于低增长的发达国家下一个经济增长的源头。

我审视自己这几年买的东西，每一件都是可以提高生活效能的。比如说我买了电视全自动录像机，我可以自由地观看过往三个星期的电视节目，看电视的效能就提高了。这种机器，便宜的 7 万日元（约合人民币 4212 元），高配置的要 15 万日元（约合人民币 9027 元）。如果按照录像机的标准来看的话，很贵。但是把它当成会大幅度提高电视效能的机器来看的话，一点都不贵。因为有了这个机器，我才可以减少人生中被浪费掉的很多时间。也就是说，我买的并不是录像机，而是我人生的时间。

花将近 10 万日元（约合人民币 6018 元）买扫地机器人的人，大概也是一样的心情吧。还有，如果自动驾驶能够成为现实，假设准备出去兜风的人租车（需要自己开车）一天需要 1 万日元，但是租自动驾驶的车需要 5 万日元（约合人民币 3001 元），肯定也会有很多人选择后者。这种向高效能社会转换，对发达国家来说，是实现经济高度增长新的机会。

比起拼命努力，想出获得高成果的方法更重要

社会效能急速提高，对个人来说，意味着什么呢？

就算那些能够大幅度提升效能的服务和商品被开发出来，不理解"提高效能的价值"的人，依然是不会利用（购买）的。这样一来，他们或许会继续投入自己的时间，或者继续使用不方便的（低效能的）商品，浪费掉自己的时间和金钱等稀缺资源。

即便自动驾驶成为现实，那些认为"无法相信机器"或者

"自动驾驶汽车太贵了，买不起"，坚持自己驾驶的人，仍不得不从自己的人生中，抽出驾驶汽车这种低效能活动的时间。比起搭乘自动驾驶的车辆，并利用搭车时间处理工作的人，这些人的人生所得就会相对少一些。

从出生开始，从没有自己打扫过房间（一直用扫地机器人）的人，与固执地认为扫地机器人"扫不干净""打扫这点事应该自己做"而自己使用吸尘器清扫的人，一生当中能拥有的自由时间，是有很大差异的。

一小段一小段的时间积累起来，就会形成巨大的差距。不想提高效能的人，与积极提高效能的人相比，是很难保证花足够的时间和金钱，在自己想做的事情上的。

反过来，对积极提高效能的人来说，接下来将会是一个非常好的时代。对于创业者来说，巨大的商机将会到来；对能够把握市场脉搏的人来说，未来将会是一个令人兴奋的时代。

人们价值观也在发生变化。日本有一种很奇怪的风潮，就是"高度评价那些手脚都忙起来的人"。那些埋头在桌子前，摊开书和笔记本，不停地用笔写着的人会被称赞非常努力地在学习。可是，那些躺在沙发上眼睛到处看的人，就算头脑里在思考各种新鲜的想法，也会被说成是"发呆"或者"贪玩"。

明明用电脑可以在几分钟之内就做完的事情，一定要坚持用手做的人，只是单纯的低效能而已。但是，如果人们一直生活在坚持手写作业几个小时直到满头大汗的人，会被称赞（被认为是对的）的环境中的话，就很难理解效能的重要性了。

拼命努力并不是坏事，但是我们应该更好地去理解"能想出不用努力，也能获得高成果的方法的人更棒"。看着那些每天要到 2 千米外的井里挑水的儿童，我们不应该夸赞他们"很努力地在工作，真棒"。对他们来说，更需要思考的是"怎样才能创造打开水龙头就能出水的生活环境"。

摆脱只靠投入时间才能完成的工作

个人对效能的意识程度，也会对社会的效能产生巨大影响。

比如说，已经采用了网络投票的国家，与维持传统投票制度的国家相比，在选举上花费的预算就可以大幅度降低。这样一来，本来要花在这件事情上的预算和人手，就有可能投入到其他的行政服务和福利上。

这件事，从个人的立场来看的话，每个国家的公民都有权选择自己所缴纳税款的使用方法，比如，是将税款用在核对候选人名字纸条的人员费用上，还是用在别的行政服务上。

如果可以提高医疗服务的效能，就可以在有限的时间里让更多患者得到诊治；增加医生的收入，也可以让候诊的病患将以往等待的时间，用在做其他的事情上。

但是，在一些大众都认为个人的病历和治疗相关信息属于"保密级别很高的个人信息，绝不可以与别人共享"的国家，医疗服务的效能就不会提高。能不能建立起将这些信息作为大数据，交给人工智能进行积累和分析，然后将最合适的治疗方法作为建议，提供给医生的工作方式，是与民众的选择息息相关的。

在一个个人对效能的高低不在意的国家，社会的效能是不会得到提高的。这是因为，那意味着国家预算（税收）和行政服务（公务员的时间）这些稀缺资源都会继续投入到效能低的事情上。

近年来，日本的法定最低工资在逐年增长。不过，我觉得要迅速增加更多才对。之所以这么说，是因为最低工资太低的话，会导致没有效能意识的企业也能存活下去。

反对提高最低工资标准，想要从海外积极引进劳动力的企业，都是一些没有丰富的廉价劳动力，就无法经营的低效企业。

相反，像亚马逊这些对效能极其敏感的企业，已经在尝试将库存商品的分拣和包装完全自动化。

所有的企业如果都对效能很敏感，那么那些被称为暗黑企业的公司就会消失。原则上讲，所有需要投入大量人类时间的工作，效能都相对很低。

人类需要睡眠，还需要吃饭喝水，所以一天之内能够工作的时间只有机器的 1/3 到 1/2 而已。所以，在低附加值的工作方面，持续使用人工劳动力的企业，很快就会被淘汰。

同样的事情，以个人的立场来看，意味着我们必须从以时间决定胜负的工作和只要花时间就能完成的工作中抽身出来。现在，一些以家庭主妇为主的超市收银工作，都会逐渐消失。还有大公司的正式员工，也应该尽快思考，如何摆脱通过投入时间才能做完的"Input 投入型"工作方式。

改变休假制度

就在我写这本书的时候，有报道称，日本雅虎公司正在探讨一周休三天制度的可行性。换言之，这也是在对所有员工提出要求："现在周一到周五五天时间才能完成的工作，要在四天之内完成，要提高效能。"

还有报道说，在台风导致交通不畅的时候，该公司的员工可以不去公司，可以在家办公。这是因为他们知道，如果让员工搭乘因台风导致混乱的公共交通来上班，他们在通勤上会花费比平时更长的时间，那样的效能会非常低。在日本，像这样对效能敏感的企业在逐渐增加，是一件很令人欣慰的事情。

反过来，目前还有一些企业坚持让员工工作到过劳死的程度，甚至不认为这是问题。哪一种企业会在高效社会中幸存下来，答案不言而喻。

在当今的日本，休假制度也并不高效。日本的节假日天数在发达国家中是最多的，这是因为日本带薪年假的利用率很低。所以，国家通过安排节日来强迫性增加休息日，减少国民一年中总的劳动时间。

可是，这样一来，"所有人一起休假"就会导致交通工具的拥堵，酒店和观光设施的混乱，还有各种等待的时间被拉长。如果大家都能在节假日之外的日子分散休假的话，酒店、观光设施、高速公路都可以得到有效利用。效能得到提高，出去玩的人也会觉得更高效。

平时门可罗雀，到了节假日时客人络绎不绝的酒店和旅馆，事实上错过了本应通过客人平时休假获得的利润。也就是说，如果可以将休假分散开，一些休闲娱乐设施的销售额会增加，在这些地方工作的人的收入也可以增加。

如果以这样的标准来衡量效能，我们就会对人的工作方式提出疑问。以后，其他的先进企业也会尝试每周休三天或四天的制度，夏季或冬季等旺季的短期雇用制度，一天五个小时工作制，在家办公等工作方式。这也将会很大程度改变我们的人生。

利用团队合作的力量

从效能的角度来看，工作方式极具挑战性的是团队工作。

迄今为止，组成团队工作的都是同属某个机构的人。即便存在外包成员在内的团队，其成员也都是固定的，也就是说一般都由固定的成员来完成项目。

这是因为固定的成员彼此都有一些共通的商业常识，人员级别也很明确，谁来领导，谁负责哪一项，责任都是从最开始就定好了的，效能很高。

以后根据各个项目的需求，聚集那些具备项目所需技能和常识的人员来组成团队的工作方式会增加。这是因为随着远程工作网站和 Facebook 群组等网络通信手段的出现，以项目来聚集成员比以前更容易。

而且，这种方式本来就比固定机构里的人组成团队要更加高效。这是因为，一个机构里肯定会有"基本没创造什么价值，但却占用成本（白拿薪水）搭便车的人"；或者是没什么管理能力，但是因为职位高，所以处在管理层的人给出的否定意见；或者需要制作多余的文件等情况。

另外，这种新模式还可以根据项目的进度，安排所需的特殊技术人员随时加入团队中，其效能在理论上将会比组织型团队要高得多。

可事实上，这种新劳动模式的效能还停留在很低的阶段。由谁来领导，责任如何划分，这些在搭建团队的过程中，都要花费很长的时间磨合。因为成员彼此的常识和商业思维习惯也不同，为了沟通顺畅还需要额外花费大量的精力。所以，迄今为止，组织型的工作方式向项目型的工作方式转变还没有发生。

但是，只要更多人掌握如何"与初次见面的成员一起以高效的方式工作"的技能，情况就会完全不一样。

有很多人在经历了一次以项目型的方式工作后，会断定"项目型工作方式效能低"，因而放弃了尝试。其实，不应该因为一次的失败就放弃，而应该总结"怎样才能让临时召集的成员组成的团队，以高效的方式工作"的经验，将这些经验放在下一个项目当中。然后，如果可以提高效能的话——项目型团队的效能也会逐渐提高。

图 20 是我采访的某个项目型团队遇到的问题和解决方案。里面的问题都是一些与临时召集的成员一起工作时会碰到的问题。

关于组织型团队的工作方法，经过长年累积的经验和方法已被大家所熟知。但是，项目型的工作方式会出现的问题，以及如何应对还在刚开始探讨的阶段。新的工作方式能不能被接受，取决于每个人能不能从失败中获取经验，学会更加高效能的工作方法。

虽然现在还不能说已经有很多这样的人了，但是我希望大家在脑海中有一个意识，就是效能意识的提高，决定着新工作方式在社会中的沉淀。

图20　临时团队项目成功的关键

临时团队做项目遭遇的问题	提高效能的方法
不负责任的发言多，讨论分散很难收拢。	不以民主的方式运营。 重视有含金量和关联的声音，对轻率的旁观者发言采取冷处理，不要采取平等对待所有发言的民主方式。
最开始大家干劲很足，但是热情难以维持。	一部分一部分地拿出计划和成果来保持团队的士气。
因为没有老板或者上司，如果全员的意见不一致，就没办法做决策。	从开始就确立好决策的程序。 想要意见完全一致是不可能的（这样的话，会使讨论无限期持续下去）。以此为前提来决定"谁决定什么事情"，先达成一致意见。
提出意见的人多，实际执行的人太少。	把是否行动作为集合团队的标准。 只把拥有目标意识，能自主行动的人作为核心团队成员。
很难找到又有经验又有专业技术，而且人脉广的关键人物。	向关键成员表达决心。 对所有成员表达（你自己绝不会逃跑的决心）决心，招募关键成员。
时间上很难协调一致，沟通不畅。	区别使用沟通工具。 进展顺利的时候，使用信息软件；发生问题的时候，用电话（Skype）沟通解决。另外，要进行风险决策的时候，一定要集合等，有意识地区别使用沟通工具。

把时间花在有意义的事情上

最后我想回答一下"从社会效能的转变中获利的是不是只有强者"的疑问。

就在不久前，接受电视采访的贫困家庭高中生的生活状况在网上遭到了批评。因为电视上展示的高中生家里堆满了东西，那位学生还在社交网站上传了很多在外面吃午饭的照片。

另外，电视上还报道了这位学生家里没有冷气，高中毕业后因为经济拮据，没能进入理想的专科学校学习。虽然网上讨论的热点是"这个家庭真的是贫困家庭吗"，但是，我从这则新闻中看到了一些意义更深刻的地方。

这位高中生的家庭可能真的很贫困，但是却拿着智能手机，这是为什么？理由就是智能手机的效能很高。现在便宜的智能手机每个月只需 2000 日元。另外，有了智能手机就可以完全不需要固定电话、电视、电脑、游戏机、漫画书、计算器、相机、手表、音乐播放器等物品了，智能手机是效能非常高的商品。

在社交网站上发食物的问题。为什么贫困家庭的孩子也可以去意大利餐厅吃饭？也能吃到很流行的薄煎饼等各种好吃的甜点？理由就是，在日本有很多压倒性高效能的连锁餐厅（以萨利亚餐厅为首）。

为什么贫困家庭也有那么多东西呢？理由恐怕就是，发挥了全球化各种优势的百元店效能非常之高吧。或者说，本来要花几万日元的高价商品，在 mercari（日本二手交易网站）等个人销售网站上，用很便宜的价格就能买到。这些让很多人可以把自己不要的东西卖给别人的网站，提高了物品的效能。

那么，为什么这个家里没有冷气呢？这是因为电力行业的效能低，电费太贵了。空调本身还不算太贵，但是在夏天开冷气的话，电费很快就要花掉 1 万日元。所以很多经济上不宽裕的家庭，即便有空调也不会开，选择忍受酷暑。

电的销售在日本已经放开了，所以，今后电费应该会便宜一些。但是，想要电费更便宜，就需要将发电、送电的效能提高。现在，火力发电站通过燃烧，只能将石油一半左右的能量转化为电能。剩下的能量都在发电的过程中转化为热能流失了。

如果技术革新能将发电的效能大幅度提升，电费比现在便宜的话，那么，贫困家庭就也可以使用冷气了。

还有一点，为什么这位高中生没办法升学呢？因为教育机构的效能太低，学费太贵。教育机构的效能很低，是因为 IT 化和全球化没有得到推进。

如果高等教育机构的效能提升，现在需要几年才能教授完的知识可以在一年内完成；或者说，如果能够合理利用 IT 技术，在世界范围内实现远程方式授课的话，学生的学费应该会比现在便宜得多。

就连飞机的驾驶员也可以通过飞行器（模拟飞行）学习驾驶技术，所以一些教授实际技能的专科学校，如果积极利用新技术的话，应该可以以高效的方式完成教学的。这样一来，经济拮据家庭的孩子也就不用放弃学业了。

贫困家庭的孩子要进大学学习，必须以助学贷款的形式通过借贷来完成。但是，如果大学的效能提高，四年的课程一年就能完成的话，生活费也只需要一年的，贷款的金额也可以减少很多。

一些比较富裕的家庭，花很多学费去效能低下的学校上学也就罢了，借钱去享受那么低效能的教育服务是不应该的，是愚蠢的。

"可怜的贫困家庭的孩子"被电视报道之后，有很多人提出"应该改善福利制度"或者"增加不用偿还的奖学金"等意见，但是，从效能的角度出发，就能找到完全不同的解决方法。

提高效能，就是将有限的资源最大限度地加以利用，然后创造出比现在多几倍的价值。这样就能以比现在便宜得多的价格，买到比现在价值高的东西。在社会效能的提高中，获利的绝不只是强者。对所有人来说，社会向高效能转型，都可以获得更富裕的生活。

在此之前，如果可以实现每周休三天，增加假期的话，对个人来说人生的时间就增加了。把时间花在兴趣爱好和陪伴家人上，会觉得很幸福。而用一生的长度来计算的话，每周多一天的休息日意味着个人生命的延长。

比现在更追求人生意义的时代即将来临。它不仅针对一个职业人，即使单纯作为一个个体，它也会让我们开始思考要过一种什么样的人生？在工作时间以外，你想要做什么事情？也许，这才是迎接高效社会，很多人真正应该面对的问题。

终 章

做想做的事，
过想要的生活

更加优秀的男人——正树

　　深刻领悟到提高效能的必要性之后，正树的工作方式发生了很大的变化。首先，他决定把每周工作的五天时间，其中三天用来完成自己负责的项目，两天的时间花在下属的项目上。在此之前，他在自己的项目上就要花五天时间，所以，现在决定在三天内完成，是需要很大勇气的。

　　以前，他对工作也会有筛选。但是，最近更严格了。那些如果做成了，会在经济上带来很大收获的工作是必须做的。除此以外，他决定只接受那些必须自己做的工作和在内容上具有革新性的工作。

　　重新审视了工作流程之后，他决定"跟顾客的会议原则上不携带资料参加"。当然，项目只要开始了就会需要很多实际的资料，可是在运营阶段的一些会面，每次准备的资料多数是没意义的。在这个阶段，其实更应该好好听对方的想法，最终拿出一个可以让人"赞叹"的企划书。

当然，有一些客人会有"没有资料和记录，没办法跟上司交代"的困扰。对这种（决策者不能参加会议）客人，他的态度是与之保持一定距离。

然后，他会对业务人员和顾客提出的见面会谈要求，一律回复"先打个电话"。电话可以免去一些多余的杂谈，能尽快进入正题。一个小时的会议，打电话的话，30分钟就可以解决；加上本来需要花在往返路程上的时间，两个小时的事情在30分钟之内就可以搞定了。

跟下属开会也是。他把会议定在每周周一的下午与周四的上午等固定的时间。对下属那些突发请求，除紧急情况以外都加以拒绝。这看起来似乎很严苛，但他是为了让下属明白时间的宝贵。他把所有与项目相关的资料都保存在服务器上。同时，要求资料的修改也通过服务器完成。这样下属的工作情况（至少资料的完成情况）就不需要通过开会来把握了。

然后，虽然只有一天，每个月第二个星期的星期四，原则上绝不安排工作。这一天会出门去听讲座，收集业内信息，或是去一些对工作有帮助的人气店铺。有时候也会用在跟苦恼于职业规划的下属聊天，或是与其他部门的经理进行信息交换。

正树的目标并不是"顺利地完成现有的工作"，而是"推进到下一个阶段"。以前的他甚至压缩了在这个目标上投入的时间，用来做一些细微的工作。但是，细微工作的成果价值并不大。虽然，自我满足的程度会上升，可效能并不高。

发生了让正树感到不可思议的事情，以前五天才能做完的工作，现在三天之内就完成了。可是他并没有觉得更忙了，反而觉得有了闲暇的时间。

傍晚，正树要准备下周的蜜月旅行，伴随着下班的铃声，他果断切断了电脑的电源。他在心中说："如果这十天的假期都不能好好休息的话，就没办法进步了。"

轻松愉悦的母亲——惠子

　　惠子从冰箱里取出冷冻的便当盒。便当白天自然解冻后就可以直接吃，非常方便。而且，最近鸡蛋、面粉、虾等很多做过脱敏处理的商品，都可以在网上买到。以前，她觉得至少便当该由妈妈自己来做。但是，重新考虑之后，觉得没有必要事事亲力亲为，把身体搞垮了反倒会给孩子带来大麻烦。

　　送走了丈夫和孩子以后，惠子就待在客厅为工作留出来的角落。实际上，从这个月开始，她每周都有两天在家里工作。从她决定参加上司邀请的项目开始，就把自己的时间问题提出来了。"我很想参加项目，但是现在时间很难安排。每周如果可以在家上班两天的话，节省的通勤时间就有四个小时，这样工作的时间增加了，就可以承担多出来的工作。"

　　公司内部并没有这样的制度，但是这一请求在上司的协助下得以实现了。最近，职场妈妈越来越多，听说人事部门也在做在家工作的实验。

　　每周六，她委托家政服务来打扫。三个小时时间，清洁、起居室和卧室的吸尘工作，甚至连洗衣服都可以流水作业完成。在这些时间里惠子会陪女儿。以前，需要在家里忙着打扫的丈夫，也能一大早就去附近的公园跟儿子打棒球。

　　自从惠子开始利用定期送货上门的服务后，就再也不用自己出去买日用品了。每周末，卫生纸、纸尿裤、婴儿食品、洗发水和其他洗涤剂，还有每周需要补充的消耗品也会送货上门。因为申请了定期预订，不需要另外下订单。现在她再回想起来，完全不能理解为什么以前自己那么忙，还非要花时间去买这些无关紧要的东西。

　　到了周日的晚上，帮厨的还会来家里。一起准备好晚餐之后，惠子会在与丈夫和孩子吃饭的时候，让帮厨的做好下周晚餐和便当需要的几种咸菜。

　　一开始她不太适应自己吃饭的时候让别人干活。但是，听到帮厨的人说"我只擅长做菜，所以，能够做这样的工作帮到别人，我很开心"之后，她就放松下来了。这也是因为大家都集中精力做"自己擅长的事情（高效能的事情）"都会很开心。

当然，支出也增加了。惠子的大部分工资都用来支付家政服务了。可是这样一来，她陪孩子玩的时间和睡觉的时间都有了保障。而且，参加新项目也有了可能，对丈夫感到烦躁的次数也减少了很多。

她觉得此时此刻，对自己更重要的是不能让工作机会溜走，并保证与孩子相处的时间。相比起来，打扫房间和买东西对自己来说，明显价值很低。先明确自己真正想要的东西，才可以割舍掉很多东西。

惠子把大儿子的考前补课也停了。不是因为钱和时间的问题，而是因为儿子的性格比较沉稳。本来，她觉得就算再勉强，也能去一个可以直接升入大学的中学。可是，儿子仅有的几个朋友都会去附近的公立中学，她便开始困惑：花时间让儿子与朋友分开，去上需要坐电车上学的私立中学，对他本人真的好吗？

儿子自己也说："就现在这样挺好的。"儿子好像也没什么特别想做的事情，那以后慢慢探索也好。惠子的丈夫也明白，现在已经不是什么进入"好大学、好公司"就能获得好人生的时代了。

暑假他们一家跟公公婆婆一起去了豪斯登堡，一家三代人预约了一个套房（有几个房间，通过内门联通的套房）。这样三餐都可以在外面吃，还有床，累了的时候随时可以午睡。她自己提出的这个方案，也说要承担费用，但是在当地的费用大部分都是公公付的。

惠子给公公婆婆买了个大的平板电脑，用这个，他们就可以通过视频跟孙子孙女说话了。公公生日的时候，儿子就在镜头前面给爷爷唱生日歌，爷爷很开心。今年，公公婆婆肯定会寄过来很多的樱桃，惠子满怀期待地想着。

在老挝度假的阳子

　　阳子在湄公河沿岸的咖啡馆阳台上，眺望着即将沉入宽阔河流的夕阳。对岸就是泰国，阳子现在所在的地方是老挝的首都万象。

　　"有假期的话，想去老挝"——她在网上看到一个喜欢的博主写的游记之后，就对老挝很憧憬。眺望着缓缓流动的湄公河，与平日待在狭窄的房间里工作，阳子感受到的时间流速是完全不同的。

　　她终于从"可怕的公司"辞职了。可是转眼间，她发现自己又在按照同样的方式工作。意识到这一点之后，阳子终于鼓起勇气，改变了工作方法。当然，做起来一点也不简单。阳子回顾了半年前她人生中第一次拒绝工作那天的情形。

　　委托人是一个每隔几个月就像临时起意来下订单的客人。每次来委托的时候，时间都很紧迫。可能是其他人临时不能工作，所以临时来委托阳子救火的。

"日程已经排不开了……"，这是阳子有生以来第一次写拒绝的邮件。点击发送按钮的时候，她紧张得手指都在发抖。到目前为止，她一直都处在被拒绝的地位。金融危机之后刚开始找工作时，她每天都要收到好几封被拒的邮件。

阳子从那时候的经历，体会出，不管书面上多么客气，都无法掩饰拒绝邮件中的冷淡。那种持续让人感到绝望的拒绝信，今后要自己来写了。她强压自己失落的心情，点下了发送的按钮。

第一次收到她的拒绝信，委托方感到很吃惊，又来了邮件问："多付一笔追加的费用，是不是可以。"在三年的工作中，对方第一次提出加价的条件。

有一个自由职业的前辈曾对她提出意见说："如果你一直接受所有的工作，对方的报价一辈子都不会提上来。"但是一开始听到这话的时候，阳子不太明白其中的意思。拒绝的话，工作只会减少，价格怎么还会上涨呢？

之后那家公司是会继续找她做事，还是把工作交给别人，都没办法预测。但是，即使是后者，阳子也觉得无所谓了。

以前她觉得自由职业者可以出售的就是自己的"忙碌"。但是事实上，真正的卖点应该在于"按自己的节奏来挑选工作，委托也不会消失"。如果不能在技术上达到这个程度，不能有这个水平的实际业绩，她就永远无法脱离长时间工作的生活。

对一直都是优等生的阳子来说，迄今为止"拼尽全力！努力！"就是尽善尽美了。但是现在，她的想法发生了改变。自己应该做的不是努力，而是掌握不努力也可以的技能。

在世界范围内，有很多自由职业者为追求自由而独立工作。却反而陷入被廉价的工作困扰的状态中，从而失去了自由。反过来，也有一些人有限地选择部分工作，在适当的时间内获得较高的收入。究竟要选择哪一种，答案很明显。

为了给一直忙于工作的自己一点奖赏，阳子连日历都没看，就决定了三个月后去老挝旅行。为了不让自己改变计划，还先付好了旅行社的费用。

快到休假日期的时候，出现了一些别的必须拒绝的工作，她已经没有了第一次的紧张感。在自由职业者中，有很多人会选择接受一些费用很便宜，但是是来自知名企业的委托。的确，没有工作经验的新人也许应该这么做。但是，如果一直因为是知名企业，所以就廉价地接受一些工作的话，迟早会让人认定"这个人就是这个水平"。

　　阳子把自己接受的工作限定在了两类：一类是价格比较高，自己很擅长的工作；另一类是可以让自己挑战新技术，对自己成长有帮助的工作。如果是那些可以让自己升级的工作，价格便宜点也接受。这会不会带来好的结果，现在她还不知道。但显然，以前的工作方式让她看不到未来，所以她只能选择改变工作方式。

　　她已经完全不想再回到以前的生活中了，她想要夺回自己的时间。她不想把自己的人生都用在工作上，她想要花在自己的身上。

　　看着太阳西沉到湄公河里，阳子像是自己给自己鼓足勇气一样，举起酒杯，一个人对着夕阳干杯。

以世界为目标的勇二

　　一年过去了，勇二的工作越来越忙。其实，不久之后，公司挖到了一个常年在外资企业工作的女经理来担任组织改革的负责人。

　　"我希望可以把公司做成一个能冲出亚洲，走向全球的企业。虽然现在公司还很小，但是这个商业模式应该是可以走向世界的。不过，现在公司的组织架构却不达标。"对勇二的要求，女经理做出了这样的回答："首先要对各部门提出比以前更高的目标。"

　　"如果给大家的是一天需要工作十八个小时才能完成的目标的话，大家会工作 18 个小时。但是这样只是单纯地增加了工作时间。如果把需要 100 个小时才能达成的目标作为一天的任务交给大家的话，大家会把工作排出优先等级。工作的方式也会发生变化"。

"就是说，分配给大家可怕的工作量吗？"一个负责统筹的经理问。她的回答是："这并不是工作量的问题，现在的工作方式需要有根本的改变，这是为了让大家对此充分理解。如果要给大家提出一个必须达到的高效能目标的话，就必须是一个人一天工作 24 个小时也绝对不可能达到的高目标。"

从那之后，以勇二为首的管理层都对各个部门提出了比以前更高的目标。当然也有很多反对的声音，称："这简直就是黑心企业！"

但是，每周的会议上，他对该目标的进展情况进行检查，却发现各个部门的工作都更有效率了。大家工作的时间都没有发生变化。与以前一样，工作的时间依然很长。但是因为要做的事情太多了，"无意义的工作和价值低的工作，绝不应该花时间去解决"的意识迅速地渗透到了公司内部。

这位女经理还负责培训那些从大公司跳槽过来的员工。"只要觉得是有价值的事情，大家可以直接把问题提出来。这样，其他的成员也不会有所顾虑。但是，请不要误以为这是在针对谁。我们公司非常重视效能，不会太在乎对方的心情。请不要在沟通上降低效能。"

她会先把思路理清，在会议上对拿着冗长的资料进行说明的新人直言道："能看得懂的资料，不用进行说明了。"对于那些想把各种手续带过来，曾在大企业工作的人员，她也会直接说："现在有比周到的流程更重要的事情。"因为比起避开摩擦，提高工作效能更重要。

她也会定期与工作时间过长的员工开会。并不是要训斥员工，而是要理清、分析哪些工作需要花多少时间，然后一起思考提高效能的方法。

有时候她"什么？光这个分析就花了10个小时吗"的惊呼声会传到办公室。一些曾经被她说过"这项工作你花了10个小时，应该告诉对方"的新人会告知相关部门的经理，对方往往会说："我让你做的资料要花这么长时间吗？那不要做了，没有那么重要。"然后一项工作就这么让人哭笑不得地不做了。

不过，勇二苦笑着说，给下属发的邮件经常会没有回复。以前不管大家多忙，他的邮件都会很快回复。"并不是因为内容有多重要，而是因为我是公司的老板……"现在有了这位女经理的指导，大家都明白了，"就算是老板的委托，也要先思考优先级，是应该马上做还是稍后做，要自己动脑判断"。

没有必要完成所有的工作。没有必要事事做到完美。重点在于效率和优先级。

　　勇二看了看表。新雇来的女经理同时也在做一些文字上的工作，每天5点就回家，不过她却成果显著。包括勇二在内，大家都开始理解了这才是高效的工作方式。这样的话，就算是有孩子的女性，生了孩子以后，也还可以继续工作。

　　今天，她下班打招呼的声音也从办公桌那边传了过来。

　　"大家再见！"

人生的馈赠

我从小几乎就没有过"想成长"的想法。因为也没有什么远大的梦想和目标，所以，不是很明白人为什么一定要成长。

但是，到了高中的时候，终于出现了我非常想要的生活。

那就是"一个人在东京生活"。这是因为骑自行车一个小时就可以转完一圈的老家实在太无聊了，再加上这种与父母、祖父母生活在一起，连泡澡时间都被指定好了的生活太压抑了。

为了让父母同意我去东京，我就必须要先考上家里人认可的（可以离开老家的）好大学。不过，因为我开始努力学习的时候已经很迟，如果不能找到短时间内让成绩大幅度提高的学习方法，梦想就不可能实现。

所以，比起学习本身，我更热衷于研究如何在短时间内提高效能的学习方法。虽然我当时不知道效能这个词，但是那是我人生中第一次拼命想要提高效能。

我终于如愿以偿，在东京开始了一个人的生活。大学期间我想要体验的事情就多了起来。我想出国，想要参加一些活动，想要跟很多人交流，想要读书，想要去看戏曲和电影，想参加社团活动，也想去参加聚会。这些都需要花钱，所以我必须打工！

学业也不能荒废。当时女性的就业环境比现在还要严苛，毕业以后想要留在东京，就必须有好的成绩。

想做的事情数不过来，但是，时间和金钱都不够。然后我开始花很多心思。为了减少饮食开支，我学会了做饭；网球服也是我从店里买布回来自己缝的。都是稀缺资源，我尽量有效利用金钱，来节省出我真正想做的事情——旅行——所需的费用。

本来，我是喜欢关在家里读书的，后来却进了网球俱乐部。社团的活动和聚餐我都积极地参加了，还去了苏联。如果我没有"人生中能这么自由的时间就只有这四年"的时间上的紧迫感，可能我就不会那样积极地去参加活动。

人如果想着"什么时候都可以做"的话，就不会开始。如果有"只有四年时间，但是想做的事情很多"的焦虑感的话，就会有很强的提高效能的心情。

工作到 30 多岁以后，我也跟别人一样，对"自己到底想要怎样的人生""到底想要什么"开始感到迷茫。其中令我苦恼的是，还要不要继续当时的工作。那一年多，我一直苦恼于"这真的是自己想做的工作吗？不知道为什么觉得不是这样，虽然这可是好不容易才找到的'好工作'啊"。

有一天，一个偶然的机会，我将工作的效能提高到了极限。这样维持了两个月以后，我终于明白"这个工作不是我真正想做的事情"。然后很快我就决定换工作了。

对不喜欢的事情、不是很合心意的事情，很不可思议的是，我们可以在懒散之中一直做下去。但是，一旦提高了效能，对那些我们厌恶的事情，立马会觉得难以忍受。

觉得工作很无趣的公司职员，大半都在懒散地工作。如果很高效地工作，他们就会觉得，拖拖拉拉工作到下班时间，太难以忍受了。大家应该都有过"拖拖拉拉把厌恶的事情做到结束"的经历吧。

相反，对喜欢的事情无论怎么提高效能都不会觉得厌恶。反倒是随着效能的提高，时间的充足，会产生"这也想做，那也想做"的想法。相反的是，不喜欢的事情太早完成以后（提高了效能以后），会产生一种"还没到时间"的绝望心情。

对要不要辞职，苦恼了半年甚至一年的人，大多都进入到了"懒散模式"中。只要进入了这种状态，不管是一年还是两年，甚至有时候是五年、十年都有可能在抱怨之中度过。

但是，这样继续下去，人生就只会被浪费掉。这样的人应该在短时间之内提高效能。这样一来，就会明白自己对目前在做的事情有多厌恶或多喜欢。

还有一点，意识到效能之后，人就会把人生的稀缺资源——时间和金钱，只用在自己真正想要的东西上。在大家都觉得理所当然要拥有的东西，还有公认很厉害、很好的东西，只要是对自己来说没那么重要，就不会投入时间和金钱了。

这是因为，如果觉得应该跟"大家一样"，我们能花在想要做的事情上的时间和金钱就会不够。自己如果有很多想做的事情，是不会浪费稀缺资源的。

大家都在做的事情，自己不做，的确会让人觉得踌躇。但是，只要明确"因为效能太低了，做了会浪费人生的时间"，就很容易做放弃的决断。

我之所以奉劝大家要提高效能，首先是希望大家可以从伤害自身和家人的"太过忙碌"的生活中抽身出来。然后，希望大家可以过上离"自己一直想要尝试，但是因为没时间，所以没去做的事情"更进一步的生活。最后，我希望大家可以拥有想做什么，就去尝试什么的人生。而且，如果我们开始认真地提高效能的话，在这个过程中，我们还会获得很多的"馈赠"。那就是：

- 不知不觉中获得的成长。

- 可以明确地区分想做的事情和不怎么想做
  的事情。

- 对于自己的人生稀缺资源如何使用，可以
  不再顾及别人的想法。

所谓高效能的生活，绝不是忙不过来的、消瘦的生活，而应该是那种将自己人生的稀缺资源，最大限度地活用到自己真正想要做的事情上的生活，这也是夺回自己人生的方法。

　　我现在每天为了提高哪怕一点生活和工作的效能，依然在做很多尝试。大家也一定要提高效能，过上想要做的事情全都可以做的生活。这才是在向高效能转型的时代中，夺回自己的时间的最佳方法。

　　再见了！